BEI GRIN MACHT SICH IHR WISSEN BEZAHLT

- Wir veröffentlichen Ihre Hausarbeit,
  Bachelor- und Masterarbeit

- Ihr eigenes eBook und Buch -
  weltweit in allen wichtigen Shops

- Verdienen Sie an jedem Verkauf

Jetzt bei www.GRIN.com hochladen
und kostenlos publizieren

Businessplan für eine Unternehmensgründung im Lebensmittelbereich. Vermarktung von gefriergetrockneten Gemüsesnacks

Stephan Liebich

Bibliografische Information der Deutschen Nationalbibliothek:

Die Deutsche Nationalbibliothek verzeichnet diese Publikation in der Deutschen Nationalbibliografie; detaillierte bibliografische Daten sind im Internet über http://dnb.d-nb.de abrufbar.

ISBN: 9783346799395
Dieses Buch ist auch als E-Book erhältlich.

Druck und Bindung: Books on Demand GmbH, Norderstedt Germany
Gedruckt auf säurefreiem Papier aus verantwortungsvollen Quellen

Das vorliegende Werk wurde sorgfältig erarbeitet. Dennoch übernehmen Autoren und Verlag für die Richtigkeit von Angaben, Hinweisen, Links und Ratschlägen sowie eventuelle Druckfehler keine Haftung.

Das Buch bei GRIN: https://www.grin.com/document/1315932

FOM Hochschule für Oekonomie & Management

Hochschulzentrum Berlin

Berufsbegleitender Studiengang zum

Master of Arts (M.A.) im Studiengang Wirtschaft & Management

1. Semester

Seminararbeit in Business Planning

Businessplan der DaiDaiShu Snack-World e. K. zur Vermarktung von gefrier-getrockneten Gemüsesnacks

Autor(in): Stephan Liebich

Abgabedatum: 22. Januar 2022

Inhaltsverzeichnis

Abbildungsverzeichnis

Tabellenverzeichnis

Abkürzungsverzeichnis

Formelverzeichnis

Businessplan der DaiDaiShu Snack-World e. K. zur Vermarktung von gefriergetrockneten Gemüsesnacks

Auf einem Blick:

Gründer:	Stephan Liebich
Standort:	D-15517 Fürstenwalde, Brandenburg
Rechtsform:	Einzelunternehmen
Firmenname:	DaiDaiShu Snack-World
Gründungsdatum:	01.03.2022

Investitionssumme:	75.207 EUR
Betriebsmittelbedarf:	26.143 EUR
Gesamtkapitalbedarf:	100.000 EUR
Finanzierung:	50.000 EUR Eigenkapitalausstattung
	50.000 EUR benötigtes Darlehen
	30.000 EUR benötigter Kontokorrentkredit

1. Executive Summary

Die DaiDaiShu Snack-World e. K. soll am 01.03.2022 in Fürstenwalde gegründet werden. Ziel des Unternehmens ist die vorerst deutschlandweite Vermarktung von leicht gesalzenem gefriergetrocknetem Gemüse als Knabbersnack. Diese Snackart ist in Asien weit verbreitet und äußerst beliebt. Die beliebtesten Geschmacksrichtungen sind „Shiitake salzig", „Buschbohne salzig" und „Gemüsemix salzig". Diese drei Sorten entsprechen am ehesten dem europäischen Geschmacks- und Knabberempfinden. Zudem enthält gefriergetrocknetes Gemüse nur einen Bruchteil an Kilokalorien im Vergleich zu herkömmlichen Knabberprodukten (z.B. Kartoffelchips). Aus diesem Grund ist die Zielgruppe nicht nur die gleiche wie bei herkömmlichen Knabberprodukten sondern kann aufgrund des Gesundheitsaspektes auf alternativen Zielgruppen ausgeweitet werden.

Der Gründer des Unternehmens ist Herr Stephan Liebich. Aufgrund seiner langjährigen Selbstständigkeit in der Lebensmittelbranche sind ihm die Marktsituation als auch die Kundenwünsche bestens bekannt. Zudem verfügt er über hervorragende Kontakte zu verlässlichen Lieferanten und Händlern.

Der Absatzmarkt in Deutschland für Knabberartikel ist groß und wächst jährlich prozentual um einen zweistelligen Wert. Es ist dabei zu beobachten, dass der Trend sich stetig zu gesünderen Alternativen zu herkömmlichen Knabberartikeln entwickelt. Leicht gesalzenes gefriergetrocknetes Gemüse wird aktuell nicht in Deutschland vermarktet und die DaiDaiShu Snack-World e. K. hätte damit ein Alleinstellungsmerkmal auf dem deutschen Markt.

Der Vertrieb und das Marketing sollen sich vorerst auf den eigenen Onlineshop sowie auf ca. 300 REWE-Filialen in den Ballungsgebieten Berlin, Köln-Düsseldorf und München konzentrieren. Die DS Produkte GmbH hat Herrn Liebich bereits einen 1-jährigen Absatzvertrag angeboten. Dieser sieht die monatliche Abnahme von 9.000 x 25g-Tüten (1.500 x 6er-Pack) der drei Geschmacksrichtungen vor. Die DS Produkte GmbH ist zudem bei erfolgreicher Markteinführung jederzeit bereit, den bestehenden Absatzvertrag auszuweiten. Das würde die Belieferung von ca. 2.300 REWE-Filialen in Deutschland bedeuten.

Der Gründer selbst bringt 50.000 EUR als Eigenkapital in das Unternehmen ein. Zusätzlich werden nochmals 50.000 EUR als Fremdkapital und 30.000 EUR als Kontokorrentkredit benötigt. Die 100.000 EUR dienen als Anlaufinvestition und werden vollständig aufgebraucht. Der Kontokorrentkredit wird als Liquiditätsüberbrückung genutzt. Nach negativen Ergebnissen und Zahlungsströmen in den ersten zwölf Monaten wird sich ab März 2023 ein positiver Erfolgs- sowie Liquiditätsbeitrag niederschlagen.

Vor diesem Hintergrund sind auch die Zukunftsperspektiven des Unternehmens hervorragend. So wird das professionelle Marketingkonzept zu einem Absatzanstieg in den Jahren 2023 und 2024 führen. Aber auch die Erweiterung der Produktpalette wird zur langfristigen Umsatzsteigerung in Betracht gezogen.[1]

2. Geschäftsidee

2.1 Hintergrund

Die Deutschen lieben, es zu knabbern. Ob zum Grillen, als Begleitung zum kühlen Sommerdrink oder als kleine Snacks im Rahmen gemeinsamer Abende in der Familie oder mit Freunden – Knabberartikel sind beliebte Genussprodukte. Traditionell werden sie eher in Gemeinschaft und während der Abendstunden genossen. Doch durch veränderte Essgewohnheiten wie Mobilität und Außer-Haus-Verzehr verlagert sich der Konsum von Knabberware zunehmend in die Tagesstunden. Der Pro-Kopf-Verbrauch von diesen Artikeln betrug 2018 etwa vier Kilogramm. Eine Onlinebefragung des Bundesverbands der deutschen Süßwarenindustrie (BDSI) zeigt, dass Kartoffelchips deutlich vorne (63,6 %), gefolgt von Erdnüssen (33,1 %) und Salzstangen bzw. –brezeln (31,3 %) liegen.[2] All diese haben einen Nachteil, sie zählen zu den Kalorienbomben schlechthin. Mit 530 Kilokalorien pro 100-g führen die Kartoffelchips den Spitzenplatz an, gefolgt von jeglicher Art von Nüssen.[3] Der Trend geht seit einigen Jahren in Richtung gesündere und bewusstere Ernährung, auch wenn es in Sachen Knabbereien keine wirklichen Alternativen gibt. Denn wer ersetzt schon gerne Kartoffelchips mit Karottenspalten.

---

[1] Vgl. Vogelsang, Eva, Fink, Christian, Baumann, Matthias, Existenzgründung, 2013, S. 332-333.
[2] Vgl. https://www.food-monitor.de/2019/01/das-sind-die-beliebtesten-knabberartikel-der-deutschen/, Zugriff am 16.01.2022
[3] Vgl. https://www.fitforfun.de/abnehmen/gesund-essen/kartoffelchips-die-moerderische-kalorienbombe-242166.html, Zugriff am 16.01.2022

2.2 Zielsetzung

Genau diese Lücke möchte die DaiDaiShu Snack-World e. K. schließen. Das Produktportfolio beinhaltet leicht gesalzenes gefriergetrocknetes Gemüse, welches in den drei Geschmacksrichtungen „Shiitake salzig", „Buschbohne salzig" oder „Gemüsemix salzig" erhältlich sein wird. Durch die Verarbeitung kurz nach der Ernte bleiben noch mehr Vitalstoffe und hitzeempfindliche Antioxidantien erhalten. Der natürliche Degenerationsprozess der Vitalstoffe, der unmittelbar nach der Ernte einsetzt, wird durch die Gefriertrocknung schneller und dauerhaft gestoppt. Gefriergetrocknete Früchte sind frei von Zusätzen, also immer ungeschwefelt und ölfrei. Zudem haben Gefriergetrocknete Früchte eine höhere Nährstoffdichte. Durch den geringeren Wassergehalt liegen die wertvollen Vitalstoffe in höherer Konzentration vor.[4] Das Knabbererlebnis der gefriergetrockneten Snacks von DaiDaiShu Snack-World e. K. wird dem von traditionellen Knabberartikeln um nichts nachstehen, bei nur einem Bruchteil an Kilokalorien. Zum Vergleich: Kartoffelchips enthalten im Schnitt ca. 535 Kilokalorien pro 100 Gramm, sodass eine Portion von 60 Gramm bereits rund ein Drittel des Tagesbedarfs abdeckt. Hingegen enthalten 100 Gramm gefriergetrocknete Shiitakepilze nur 35 Kilokalorien. Aus diesem Grund ist die Zielgruppe nicht nur die gleiche wie bei herkömmlichen Knabberprodukten sondern kann Aufgrund des Gesundheitsaspektes auf alternative Zielgruppen ausgeweitet werden.[5]

2.3 Alleinstellungsmerkmal

Der Markt der traditionellen Knabberartikel ist heiß umkämpft. Es gibt unzählige Hersteller, die sich auf die Produktion bzw. Verarbeitung von Kartoffelchips, Salzgebäck und Nüssen spezialisiert haben. Zudem gibt es Spartenhersteller, die gefriergetrocknetes Obst (wie Erdbeeren, Himbeeren, Mangos usw.) als vermeintlich gesunde Alternative anbieten. Gefriergetrocknetes Gemüse hingegen wird seit Jahrzehnten schon in der professionellen Gastronomie bzw. in Großküchen für die Speisezubereitung verwendet.[6] Als salzigen Snack hingegen fand gefriergetrocknetes Gemüse bis jetzt noch keine Berücksichtigung. Kein Unternehmen in Deutschland bietet gesalzenes gefriergetrocknetes Gemüse als Knabbersnack an. Aus diesem Grund besitzt die DaiDaiShu Snack-World e. K. mit ihren drei Sorten „Shiitake salzig", „Buschbohne

---

[4] Vgl. https://buah.de/blogs/blog/wie-gesund-sind-trockenfruchte, Zugriff am 16.01.2022
[5] Vgl. Vogelsang, Eva, Fink, Christian, Baumann, Matthias, Existenzgründung, 2013, S. 333.
[6] Vgl. https://trockengemuese-online.de/de/trockengemuese-online-shop, Zugriff am 16.01.2022

salzig" und „Gemüsemix salzig" ein Alleinstellungsmerkmal auf dem deutschen Markt. Der Endverbraucher wird diese drei Geschmacksrichtungen lieben. Da sie gesünder sind als Kartoffelchips, Flips & Co und diesen geschmacklich in nichts nachstehen.

Ziel ist es, in den nächsten Jahren den deutschen wie auch europäischen Markt mit gesalzenen gefriergetrockneten Gemüsesnacks zu beliefern und dem Verbraucher dadurch eine gesunde Alternative zu herkömmlichen Knabberprodukten zu ermöglichen.

3 Gründerprofil

Der Name des Gründers ist Stephan Liebich. Er ist 38 Jahre alt, verheiratet und hat ein Kind. Nach seiner erfolgreich abgeschlossenen Ausbildung zum Mikrotechnologen arbeitet er zunächst drei Jahre bei der Robert Bosch GmbH am Standort Reutlingen als Entwicklungsassistent. Während dieser Zeit verfestigte sich der innere Wunsch, sich im Bereich der Systemgastronomie selbstständig zu machen. Um die kaufmännischen Grundlagen zu erlangen, belegt er nebenberuflich beim Institut für Lernsysteme den Fernlehrgang „Unternehmensführung in Kleinbetrieben". Diesen Kurs hat er im Jahr 2006 erfolgreich bestanden.[7]

Nach dem Kauf einer Franchiselizenz für den Betrieb eines Subway® Restaurants, eröffnete er selbiges im Jahr 2007 in Ehingen an der Donau. Er betrieb dieses bis in das Jahr 2012. In dieser Zeit war er nicht nur Franchisepartner, sondern auch Restaurantleiter welcher aktiv im Tagesgeschäft involviert war. In dieser Position war er für die profitable Gesamtleitung des Restaurants unter Einhaltung der Subway® Standards im Hinblick auf Qualität, Service und Sauberkeit verantwortlich. Zudem unterlag ihm die Umsetzung von Maßnahmen zur Gästebindung, Gästegewinnung und Umsatzförderung genauso wie die Einhaltung des gesetzten Budgets. Die erfolgreiche Gewinnung, Entwicklung und Bindung von Mitarbeitern gehörten ebenfalls zu seinem Aufgabengebiet. In dieser Zeit konnte Herr Liebich seine Führungsfähigkeiten ausbauen.[7]

Aufgrund der Monotonie der Arbeitsprozesse entschied er sich 2012 zu einem Vollzeitstudium an der HTW Dresden, um eine lebenserfüllendere Richtung einschlagen zu können. Im Jahr 2016 schloss er dann sein Studium als Diplom-Ingenieur (FH) für Nachrichtentechnik erfolgreich ab. Während des Studiums konnte er aufgrund eines Auslandssemesters in der Volksrepublik China wertvolle interkulturelle Kompetenzen

---

[7] Vgl. Vogelsang, Eva, Fink, Christian, Baumann, Matthias, Existenzgründung, 2013, S. 334.

erwerben. Zu dieser Zeit, hat er auch die in China sehr beliebten gefriergetrockneten Gemüsesnacks entdeckt.

Aktuell arbeitet er seit 2016 bei der Eurofins Produkt Service GmbH in Reichenwalde bei Berlin, als Prüfingenieur im Bereich Elektromagnetische Verträglichkeit. In dieser Position ist er für die Durchführung von Tests im Rahmen der Prüfanforderungen nationaler und internationaler Standards sowie von Projektvorgaben verantwortlich. Zusätzlich entwickelt und erstellt er Testreports entsprechend den aktuellen Anforderungen. Organisations- und Planungsaufgaben gehören für ihn zum täglichen Aufgabenumfeld, welches er motiviert und mit Spaß an der Arbeit bewältigt.[7]

Der Grund bzw. der Wunsch zur Selbständigkeit von Herrn Liebich besteht im abwechslungsreicheren Alltag und die Erweiterung des beruflichen Netzwerks, die eine Selbständigkeit mit sich bringt. Ein weiterer wichtiger Grund ist aber auch, dass Herr Liebich eine Marktlücke im Bereich gefriergetrockneter Gemüsesnacks entdeckt hat. Da diese Art von Knabberartikeln auf dem deutschen Markt nicht anzutreffen ist.[7]

Durch seine langjährige Berufspraxis besitzt Herr Liebich umfangreiche Kenntnisse verschiedenster Branchen. Dieses Wissen bzw. diese Verantwortung möchte Herr Liebich nun in einem eigenen Unternehmen erweitern. Durch ein geplantes Sabbatical von einem Jahr bei seinem aktuellen Arbeitgeber, wird sich Herr Liebich zu 100 % auf die Gründung bzw. den Ausbau seines Unternehmens fokussieren. Er wird hierbei als Geschäftsführer und Vertriebsleiter zugleich fungieren.[7]

4 Markt & Wettbewerb

Der Absatzmarkt in Deutschland für Knabberartikel ist groß und wächst jährlich prozentual um einen zweistelligen Wert. Dies wird durch die untenstehende Statistik (vgl. Abbildung 1) noch einmal verdeutlicht, in dem diese den durchschnittlichen Pro-Kopf-Konsum von Knabberartikeln in Deutschland in den Jahren 2013 bis 2021 mit einer Prognose bis zum Jahr 2026 zeigt. Demnach wurde im Jahr 2021 in Deutschland pro Kopf rund ein Kilogramm Knabberartikel verbraucht.[8]

---

[7] Vgl. Vogelsang, Eva, Fink, Christian, Baumann, Matthias, Existenzgründung, 2013, S. 334.
[8] Vgl. https://de.statista.com/statistik/daten/studie/432385/umfrage/pro-kopf-konsum-von-knabberartikeln-in-deutschland/, Zugriff am 22.12.2021

Abbildung 1: Pro-Kopf-Absatz von Knabberartikeln in Deutschland

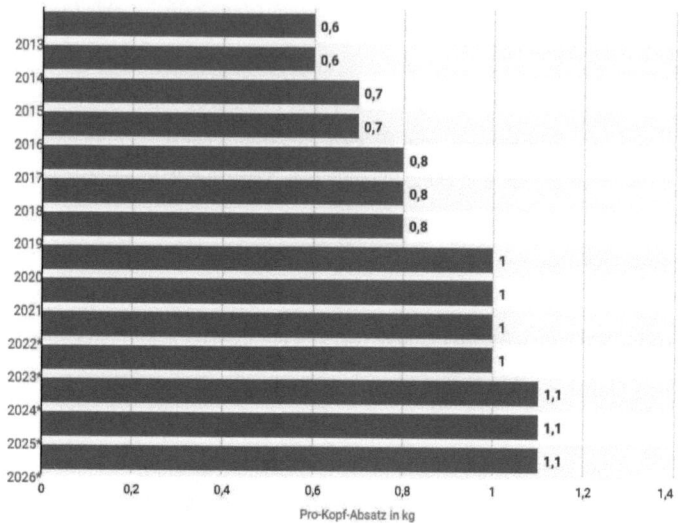

Pro-Kopf-Absatz in kg

Quelle: https://de.statista.com/statistik/daten/studie/432385/umfrage/pro-kopf-konsum-von-knabberartikeln-in-deutschland/, Zugriff am 22.12.2021

Dabei hat sich die Zusammensetzung der Produktgruppen über die Jahre stark verschoben. Hatten die Kartoffelchips im Jahr 2008 noch den größten Anteil mit ca. 40 Prozent an den Produktgruppen, ist dieser bis in das Jahr 2020 auf einen Anteil von ca. 32 Prozent gesunken. Hingegen hat sich der Absatz von Nussmischungen und damit zu gesünderen Alternativen von Kartoffelchips & Co. äußerst positiv entwickelt. Diese haben im Jahr 2008 noch ein Randdasein von ca. 11 Prozent genossen und sind innerhalb von 10 Jahren zum Marktführer avanciert. Im Jahr 2020 machten Nussmischungen ca. 38 Prozent am Gesamtmarkt für Knabberartikel aus. Einen wirklichen Sprung machten Nussmischungen 2018, als Kokosnusschips in den deutschen Markt eingeführt wurden. Die auf der nachfolgenden Seite folgende Statistik (vgl. Abbildung 2) verdeutlicht noch einmal diese Aussagen, in dem die Produktion von Knabberartikeln in Deutschland aufgeschlüsselt nach Produktgruppen in den Jahren 2008 bis 2020 aufzeigt wird.[9]

Es ist dabei zu beobachten, dass der Trend sich stetig zu gesünderen Alternativen zu herkömmlicheren Knabberartikeln entwickelt. Für die meisten Konsumenten, die Süßwaren und Snacks bewusst konsumieren, bedeutet dies, dass sie auf möglichst

---

[9] Vgl. https://de.statista.com/statistik/daten/studie/29929/umfrage/produktion-von-knabberartikeln-in-deutschland-nach-produktgruppen/, Zugriff am 22.12.2021

gesunde Süßwaren und Snacks zurückgreifen. Laut einer POSpulse-Umfrage aus dem August 2020 in Deutschland machte ein bewusster Konsum für etwa 53,3 Prozent der Befragten aus, gesunde Süßigkeiten und Snacks zu kaufen. Hingegen legten ca. 36 Prozent besonderen Wert auf den Inhalt der Produkte.[10]

Abbildung 2: Produktion von Knabberartikeln in Deutschland

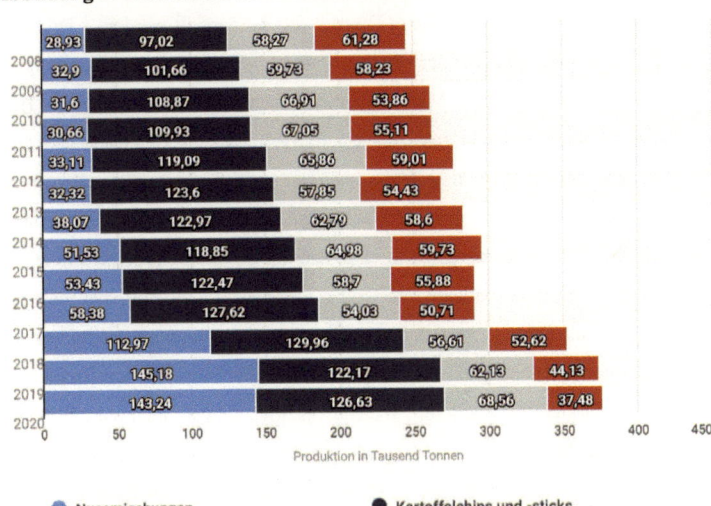

Quelle: https://de.statista.com/statistik/daten/studie/29929/umfrage/produktion-von-knabberartikeln-in-deutschland-nach-produktgruppen/, Zugriff am 22.12.2021

Zudem zeigt eine weitere Umfrage der POSpulse GmbH aus dem Jahr 2021, dass die Verbraucher recht offen beim Ausprobieren von trendigen Süßwaren und Snacks in Deutschland sind. Rund 40 Prozent der Befragten gaben an, schon einmal Gemüsechips probiert zu haben. Dahingegen haben lediglich 12,48 Prozent Low-Calorie Eis probiert.[11]

Die oben genannten Entwicklungen zeigen auf, dass die DaiDaiShu Snack-World e. K. mit seinen leicht gesalzenen gefriergetrockneten Gemüsesnacks den Trend der Zeit nach einer gesünderen Alternative zu herkömmlichen Knabberartikeln erkannt hat.

Eine umfassende Wettbewerbsanalyse kommt zu dem Ergebnis, dass es lediglich vier Unternehmen gibt, welche in Teilbereichen mit der DaiDaiShu Snack-World e. K. in

---

10 Vgl. https://de.statista.com/statistik/daten/studie/1170065/umfrage/kriterien-bewussteren-konsums-von-suesswarensnacksdeutschland/, Zugriff am 22.12.2021
11 Vgl. https://de.statista.com/statistik/daten/studie/1259939/umfrage/suesswaren-und-snacks-ausprobieren-von-produkten-indeutschland/, Zugriff am 22.12.2021

Konkurrenz stehen, wobei keines der Unternehmen die Spezialisierung auf leicht gesalzenes gefriergetrocknetes Gemüse als Snack bietet. Die zwei größten Hersteller von traditionellen Knabberartikeln sind die Intersnack Deutschland SE gefolgt von der The Lorenz Bahlsen Snack-World GmbH & Co. KG Germany. Zwischen den Jahren 2009 und 2019 konnte der weltweite Umsatz fast verdoppelt werden.[12] Durch diesen Erfolg und aufgrund bestehender Produktionsanlagen für die Herstellung traditioneller Knabberartikel, wird ein Markteintritt der oben genannten Zwei in die Herstellung und Vermarktung von leicht gesalzenen gefriergetrockneten Gemüsesnacks ausgeschlossen. Die NutriPur GmbH und erdbär GmbH sind zwei führende Hersteller in der Produktion und Vermarktung von gefriergetrocknetem Obst als Snack in Deutschland. Wobei die erdbär GmbH ihr gefriergetrocknetes Obst nur als Spartenprodukt anbietet. Diese beiden Hersteller legen besonderen Wert auf die Nachhaltigkeit bzw. den biologischen Aspekt ihrer Produkte. Als weiterer Kostennachteil der Zwei kann die Produktion in Deutschland angesehen werden. Dadurch ergibt sich ein recht hoher Verkaufspreis und damit eine hohe Markteintrittsbarriere. Welche es den Zwei nicht ermöglichen wird ein konkurrenzfähiges Produkt, verglichen mit den Produkten der DaiDaiShu Snack-World e. K., anzubieten. Aus diesem Grund werden auch diese Zwei als ernstzunehmende Konkurrenten für den deutschen Lebensmitteleinzelhandel ausgeschlossen.[13,14]

Nach bereits geführten Gesprächen mit der DS Produkte GmbH aus Stapelfeld in Schleswig-Holstein, welche seit 1973 existiert und unter anderem Versand-, Lebensmittel- und Einzelhändler sowie Discounter in Deutschland und Europa mit Aktionsware aus China beliefert, wurde Herrn Liebich bereits ein 1-jähriger Absatzvertrag angeboten.[15] Dieser sieht die monatliche Abnahme von 9.000 x 25g-Tüten (1.500 x 6er-Pack) der drei Geschmacksrichtungen vor, die ab dem 01.05.2022 geliefert werden können. Der Vertragsentwurf ist als Anlage beigefügt. Durch das Angebot wird es möglich, die Produkte der DaiDaiShu Snack-World e. K. in die Regale der ca. 300 REWE-Filialen in den Ballungsgebieten Berlin, Köln-Düsseldorf und München zu bringen. Dadurch erweitert sich der Absatzmarkt erheblich und das mindestens erforderliche Umsatzziel ist mit dem Liefervertrag auf mindestens ein Jahr gesichert. Das langfristige Ziel ist die Belieferung des gesamten deutschen Lebensmitteleinzelhandels.

[12] Vgl. https://de.statista.com/statistik/daten/studie/434083/umfrage/umsatz-der-intersnack-group-weltweit/, Zugriff am 22.12.2021
[13] Vgl. https://www.nutripur.eu/ueber-nutripur/, Zugriff am 16.01.2022
[14] Vgl. https://frechefreunde.de/ueber-uns/, Zugriff am 16.01.2022
[15] Vgl. https://www.dspro.de/leistungen/#/einkauf-import/, Zugriff am 16.01.2022

Die DS Produkte GmbH ist bei erfolgreicher Markteinführung jederzeit bereit, den bestehenden Absatzvertrag auszuweiten.

5 Marketing und Vertrieb

Die Marketingziele der DaiDaiShu Snack-World e. K. sind abgeleitet aus den Unternehmenszielen. Diese übergeordneten Ziele der langfristigen Sicherung des Unternehmens und der Gewinnmaximierung sollen in einem ersten Schritt durch eine erfolgreiche Markteinführung und den kostendeckenden Verkauf der Produkte gesichert werden. Das erste Marketingziel ist in diesem Zusammenhang, den Einstieg in den relevanten Markt und den Zugang hierzu dauerhaft zu sichern. Aus logistischen und operativen Gründen wird sich vorerst auf die Ballungsgebiete Berlin, Köln-Düsseldorf und München konzentriert. Dies ermöglicht eine bessere Markteinschätzung. Die Realisierung dieses Ziels wurde bereits im Vorfeld durch das Vertragsangebot der DS Produkte GmbH entscheidend vorangetrieben, da diese die ca. 300 REWE-Filialen des deutschen Lebensmitteleinzelhändlers Rewe Group in den drei Kernregionen beliefert.[16] Hieraus erfolgt das weitere Ziel, den Absatz bei der genannten Gesellschaft zu sichern und mittelfristig zu steigern. Das langfristige Ziel ist es, über die DS Produkte GmbH den Großteil des deutschen Lebensmitteleinzelhandels mit seinen über 25.000 Filialen zu beliefern.[17] Zudem soll ein weiteres Ziel sein, einen konstant steigenden Absatz im eigenen Onlineshop zu erzielen.

Die Marketingstrategie der DaiDaiShu Snack-World e. K. setzt sich dabei aus den Bereichen Produkt-, Kommunikations-, Distributions- und Preispolitik zusammen. Im Hinblick auf die einzelnen Strategiesegmente lässt sich dies wie folgt ausführen:

5.1 Produktpolitik

In den ersten Geschäftsjahren wird sich die DaiDaiShu Snack-World e. K. auf den Vertrieb seiner drei Kernprodukte „Shiitake salzig", „Buschbohne salzig" und „Gemüsemix salzig" konzentrieren. Diese Sorten wurden aufgrund ihrer Beliebtheit auf dem asiatischen Markt ausgewählt und entsprechen am ehesten dem deutschen Geschmacks- und Knabberempfinden für solche Produkte.

---

[16] Vgl. https://www.rewe-group.com/de/unternehmen/struktur-und-vertriebslinien/, Zugriff am 16.01.2022

[17] Vgl. Vogelsang, Eva, Fink, Christian, Baumann, Matthias, Existenzgründung, 2013, S. 336.

Die Konzentration auf drei Sorten soll zudem das finanzielle Risiko der Markteinführung und den logistischen Aufwand verringern, dem Endverbraucher aber dennoch eine überschaubare Auswahlmöglichkeit bieten.

Der Wiedererkennungseffekt für die Produkte ist der auffällige rote, in Schriftart „Bauhaus 93" gestalteter „DaiDaiShu"-Schriftzug, welcher auf jeder Verpackungsvorderseite abgebildet ist (vgl. Abbildung 3). Darunter folgt dann in einfacher Schrift die jeweilige Geschmacksrichtung und ein Foto vom jeweiligen Inhalt. Da gefriergetrocknete Produkte die Eigenschaft besitzen schnell Feuchtigkeit aufzunehmen, werden die drei Sorten in einem voll recycelbaren (Mono-Kunststoff) und wiederverschließbaren Standbodenbeutel verpackt. Dieser wird in der Packungsgröße 500 ml sein, was einem Nettogewicht von 25 g leicht gesalzenes gefriergetrocknetes Gemüse entspricht.[18]

Durch den Onlineverkauf auf der eigenen Homepage und den per Liefervertrag mit der DS Produkte GmbH garantierten Absatzmengen kann kostengünstig und planungssicher produziert werden. Für die Zukunft wird aber auch an einem möglichen Konzept für die sukzessive Erweiterung des Produktportfolios gearbeitet, da der Wunsch der Verbraucher nach einer gesünderen Alternative zu herkömmlichen Knabberprodukten groß ist.[19]

Abbildung 3: DaiDaiShu Brand Logo

Quelle: Eigene Darstellung

---

[18] Vgl. https://packiro.com/lpa/organic-food?utm_term=verpackungsmaterial%20f%C3%BCr%20 lebensmittel&utm_campaign=02+DACH+Lebensmittel&utm_source=adwords&utm_medium =ppc&hsa_acc=8505658294&hsa_cam=12348954157&hsa_grp=120551610209&hsa_ad=4987 26216643&hsa_src=g&hsa_tgt=kwd-15456072801&hsa_kw=verpackungsmaterial%20f%C3 %BCr%20lebensmittel&hsa_mt=p&hsa_net=adwords&hsa_ver=3&gclid=EAIaIQobChMIv5-S5fHd9AIVyRoGAB2-Wgn1EAAYASAAEgKcM_D_BwE, Zugriff am 16.01.2022

[19] Vgl. https://www.dspro.de/leistungen/#/einkauf-import/, Zugriff am 16.01.2022

5.2 Kommunikationspolitik

Die Kommunikationspolitik des Unternehmens wird sich hauptsächlich mit zwei Themenkomplexen beschäftigen: zum einen müssen die Produkte im eigenen Onlineshop der DaiDaiShu Snack-World e. K. beworben werden und zum anderen müssen die Kunden auf die Produkte in den ca. 300 REWE-Filialen aufmerksam gemacht werden.

Zur Markteinführung der drei Kernprodukte „Shiitake salzig", „Buschbohne salzig" und „Gemüsemix salzig" ist geplant, mit je einem POS (Point of Sale = POS) Verkaufsdisplay aus Pappe pro Filiale die Produkte professionell zu bewerben. Zur regionalen Verbreitung der drei Kernprodukte der DaiDaiShu Snack-World e. K. ist zudem in der ersten und sechsten Verkaufswoche eine Anzeige über den REWE Prospekt pro Verkaufsregion zu schalten. Im Vordergrund der Kampagne sollen hierbei die drei Kernprodukte und ihre gesunde Alternative zu herkömmlichen Knabberprodukten bei gleichem Geschmackserlebnis stehen. Diese Art von Werbung soll sich alle sechs Monate abwechselnd pro Verkaufsregion wiederholen.

Dem Gründer sind die Stärken des Internets und die Reichweite, die man damit erzeugen kann, bewusst. Aus diesem Grund wird die Bekanntheit der Produkte und damit die Marke „DaiDaiShu" mit diesem Medium zusätzlich erhöht werden. Durch die eigene Homepage, wie auch auf Social-Media-Kanälen (wie Instagram, Facebook und YouTube) werden die Produkte aktiv beworben. Dies übernimmt die Ehefrau von Herrn Liebich, da Frau Wang im Umgang mit diesen Medien viel Erfahrung mitbringt. Um auf die Reichweitenstärke der beliebtesten Influencer Deutschlands zurückzugreifen, erhalten diese Gratisproben, mit der Hoffnung, dass die neuen Produkte von „DaiDaiShu" in deren Kanälen Erwähnung finden. Auf der eigenen Homepage wird noch einmal ausführlich über die Produkte und Neuheiten der Marke „DaiDaiShu" informiert, aber auch in welchen Verkaufsstellen die Produkte erworben werden können. Die Internetseite und der Onlineshop sind bereits fertiggestellt. Sie wurden von einem guten Bekannten von Herrn Liebich gestaltet, so dass keine weiteren Kosten entstanden sind, das Bild nach außen aber trotzdem sehr professionell und kreativ vermittelt wird.[20]

Seitens des Lebensmittelverbands Deutschland sind außerdem Auswertungen zu bevorzugten Werbeformen in der Branche und damit deren Erfolg vorhanden. Die Ergebnisse dieser Analyse zeigen, dass die von der DaiDaiShu Snack-World e. K.

---

[20] Vgl. Vogelsang, Eva, Fink, Christian, Baumann, Matthias, Existenzgründung, 2013, S. 337-338.

geplanten Maßnahmen die wesentlichen erfolgsversprechenden Werbeformen in der Branche abdecken (vgl. Abbildung 4).

Abbildung 4: Formen der Werbung und deren Erfolg in Lebensmittelbranche

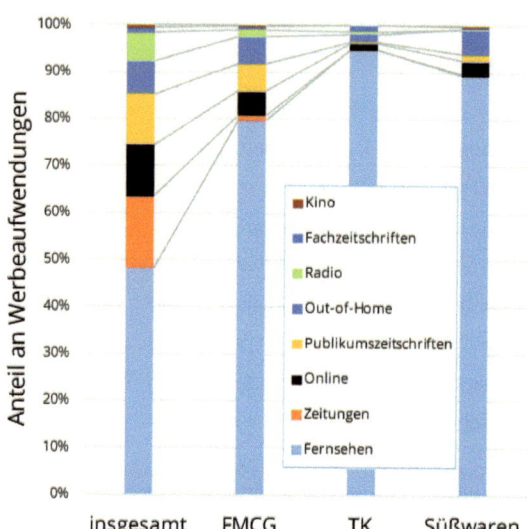

Quelle: https://www.lebensmittelverband.de/de/lebensmittel/werbung, Zugriff am
16.12.2021

5.3 Distributionspolitik

Die Distributionspolitik definiert sich sowohl durch den direkten Verkauf im eigenen Onlineshop als auch durch den indirekten Verkauf über die DS Produkte GmbH und damit in den ca. 300 REWE-Filialen der drei oben genannten Ballungsgebiete. Der Lebensmitteleinzelhändler REWE Group wurde für den direkten Verkauf ausgewählt, da sein Kundenstamm und seine Käuferschicht weit gefächert sind und dadurch am ehesten für die Produkte der Marke „DaiDaiShu" empfänglich sind. Dies sollen die nachfolgenden zwei Erhebungen von der Statista GmbH belegen (vgl. Abbildung 5 und 6).[21]

---

[21] Vgl. Vogelsang, Eva, Fink, Christian, Baumann, Matthias, Existenzgründung, 2013, S. 338-339.

Abbildung 5: REWE-Kunden in Deutschland nach Netto-Einkommen

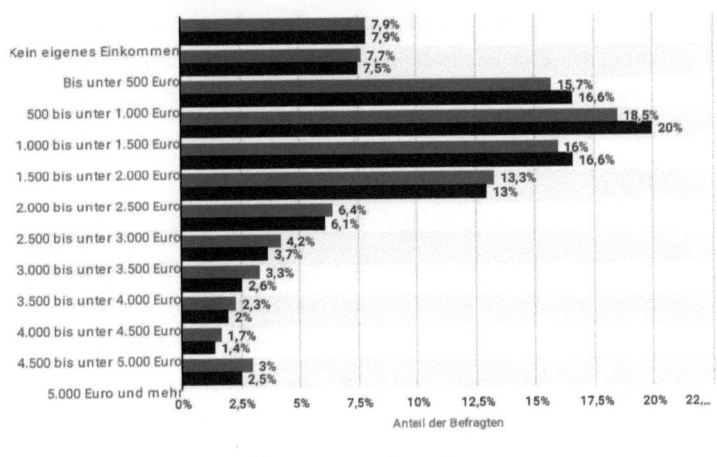

Quelle: https://de.statista.com/statistik/daten/studie/294524/umfrage/umfrage-in-
deutschland-zum-netto-einkommen-der-kunden-von-rewe/ 19.12.2021

Abbildung 6: REWE-Kunden in Deutschland nach Alter

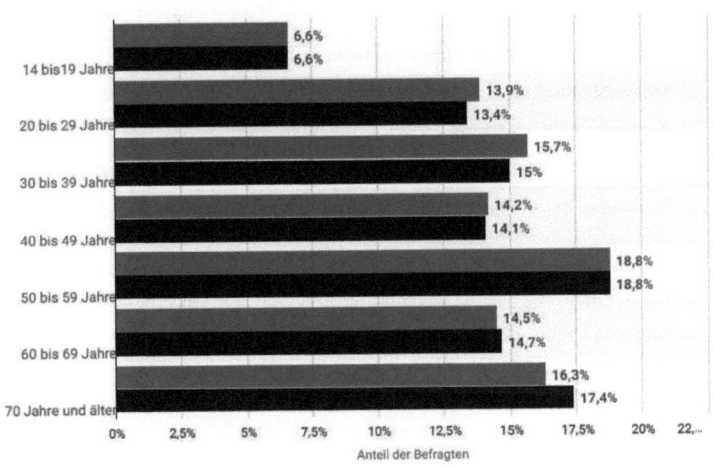

Quelle: https://de.statista.com/statistik/daten/studie/294386/umfrage/umfrage-in-
deutschland-zum-alter-der-kunden-von-rewe/ 19.12.2021

Wenn der Absatz entsprechend den Planzahlen realisiert wird, ist die DS Produkte GmbH innerhalb kürzester Zeit in der Lage über 2.300 REWE-Filialen mit den Produkten der DaiDaiShu Snack-World e. K. zu beliefern. Aus logistischen wie auch organisatorischen Gründen werden die Filialen mit 6er Packs (6 x 25 g) der jeweiligen Geschmacksrichtung beliefert.

Durch die Kombination aus direkter und indirekter Vertriebswege und die Vertraglich festgelegten Stückzahlen gegenüber der DS Produkte GmbH bereits zu Beginn der unternehmerischen Tätigkeit, können insbesondere im Hinblick auf die indirekt vertriebenen Produkte schon nach kurzer Zeit Skaleneffekte realisiert werden. Dies reduziert die Stückkosten und bieten die Möglichkeit die Produkte im mittleren Preisniveau anzusiedeln, was wiederum eine größere Kundengruppe anspricht.[22]

Die DaiDaiShu Snack-World e. K. besitzt selbst keine eigenen Lagerkapazitäten. Aus diesem Grund übernimmt die DS Produkte GmbH im eigenen Logistikzentrum in Gallin die Lagerung und Kommissionierung der Ware, bevor diese anschließend über den eigenen Onlineshop und an über 2.300 REWE-Filialen in Deutschland ausgeliefert wird.[23]

5.4 Preispolitik

Die Produktion von gefriergetrockneten Lebensmitteln ist im Vergleich zur Herstellung von herkömmlichen Knabberartikeln sehr teuer. Dies liegt vor allem am sehr hohem Energieeintrag welcher zur Trocknung notwendig ist, und an den hohen Anschaffungskosten für die benötigten Anlagen.[24] Aus diesem Grund muss der Verkaufspreis entsprechend den mittleren Marktpreisen der Wettbewerber angepasst werden.

Im Rahmen einer Untersuchung der mittleren Marktpreise der Wettbewerber konnten folgende Durchschnittspreise für Knabberartikel von Markenherstellern ermittelt werden (vgl. Tabelle 1):[25]

---

[22] Vgl. Vogelsang, Eva, Fink, Christian, Baumann, Matthias, Existenzgründung, 2013, S. 338-339.
[23] Vgl. https://www.dspro.de/leistungen/#/einkauf-import/, Zugriff am 16.01.2022
[24] Vgl. https://de.wikipedia.org/wiki/Gefriertrocknung, Zugriff am 17.01.2022
[25] Vgl. https://www.amazon.de/s?k=gefriergetrocknetes+obst&page=2&__mk_de_DE=%C3%85M%C3%85%C5%BD%C3%95%C3%91&crid=3RY9Y74A37A5Y&qid=1639587842&sprefix=gefriergetrocknetes+Obst%2Caps%2C204&ref=sr_pg_2, Zugriff am 17.01.2022

Tabelle 1: Mittleren Marktpreise der Wettbewerber

Produkt	Durchschnittspreis je Packung	Gewicht je Packung	Preis je 100 g
Kartoffelchips	1,49 EUR	175 g	0,851 EUR
Erdnüsse	1,99 EUR	200 g	0,995 EUR
Pistazien	3,49 EUR	150 g	2,327 EUR
Salzgebäck	1,29 EUR	140 g	0,921 EUR
Gefriergetrocknetes Obst	3,49 EUR	25 g	13,960 EUR

Quelle: Eigene Darstellung

Vor dem Hintergrund dieser Konkurrenzpreise und basierend auf den Einschätzungen des Gründers zur Preisbereitschaft der Kunden darf der umsatzmaximale Preis einer 25 g Tüte leicht gesalzenes gefriergetrocknetes Gemüse bei höchstens 3,50 EUR liegen. Da Studien gezeigt haben, dass die Kunden äußerst empfänglich für Schwellenpreise sind, wird eine unverbindliche Preisempfehlung im Einzelhandel von 3,49 EUR pro Einzeltüte angestrebt. Dadurch ergibt sich folgendes Kalkulationsschema für den Nettoverkaufspreis sowie Deckungsbeitrag (vgl. Formel 1):

Formel 1: Berechnung des Deckungsbeitrags für eine 25g-Tüte

25g-Tüte „Shiitake salzig", „Buschbohne salzig" oder „Gemüsemix salzig"	
Bruttoverkaufspreis Einzelhandel	3,49 EUR
- USt. (7%)	0,23 EUR
= Nettoverkaufspreis Einzelhandel	3,26 EUR
- Marge Einzelhändler	0,31 EUR
- Marge Großhändler	0,50 EUR
= Nettoverkaufspreis der DaiDaiShu Snack-World e. K.	2,45 EUR
- variable Stückkosten	1,60 EUR
= Deckungsbeitrag	0,85 EUR
Deckungsbeitrag in %	34,69 %

Quelle: In Anlehnung an Vogelsang, Eva, Fink, Christian, Baumann, Matthias, Existenzgründung, 2013, S. 340.

Um überhaupt im Großhandel bzw. Lebensmitteleinzelhandel gelistet zu werden, wurden die Margen für den Einzelhändler (0,31 EUR pro 25g-Tüte) bzw. Großhändler (0,50 EUR pro 25g-Tüte) recht großzügig gewählt. Normalerweise liegen diese bei Knabberartikeln nur im einstelligen Cent-Bereich.

Im Onlineshop selbst wird es nur möglich sein, 6 x 25 g Tüten je Geschmacksrichtung zu erwerben. Dies soll dem Kunden einen Preisvorteil gegenüber dem Kauf einer Einzeltüte im Supermarkt bieten und zum anderen den logistischen Aufwand der DaiDaiShu Snack-World e. K. und seinen Partnern reduzieren. Dadurch ergibt sich folgendes Kalkulationsschema für den Onlineshop (vgl. Formel 2):

Formel 2: Berechnung des Deckungsbeitrags für eine 6 x 25g-Tüte (Onlineshop)

6 x 25g-Tüte „Shiitake salzig", „Buschbohne salzig" oder „Gemüsemix salzig"	
Bruttoverkaufspreis	19,99 EUR
- USt. (7%)	1,31 EUR
= Nettoverkaufspreis	18,68 EUR
- variable Stückkosten	9,60 EUR
= **Deckungsbeitrag**	**9,08 EUR**
Deckungsbeitrag in %	48,61 %

Quelle: In Anlehnung an Vogelsang, Eva, Fink, Christian, Baumann, Matthias, Existenzgründung, 2013, S. 340.

Dadurch, dass die DaiDaiShu Snack-World e. K. mit ihren Produkten vorerst nur über die DS Produkte GmbH in den deutschen Lebensmitteleinzelhandel kommt und aufgrund persönlich verhandelter Sonderkonditionen für die hohen Abnahmemengen, wurde ein Nettopreis je 6er Pack in Höhe von 14,70 EUR vereinbart. Dadurch ergibt sich folgendes Kalkulationsschema (vgl. Formel 3):

Formel 3: Berechnung des Deckungsbeitrags für eine 6 x 25g-Tüte (Einzelhandel)

6 x 25g-Tüte „Shiitake salzig", „Buschbohne salzig" oder „Gemüsemix salzig"	
Nettoverkaufspreis	14,70 EUR
- variable Stückkosten	9,60 EUR
= **Deckungsbeitrag**	**5,10EUR**
Deckungsbeitrag in %	34,69 %

Quelle: In Anlehnung an Vogelsang, Eva, Fink, Christian, Baumann, Matthias, Existenzgründung, 2013, S. 340.

Im Hinblick auf Absatz und Umsatz wird in den ersten zwei Monaten nach der Gründung nicht damit gerechnet, dass Produkte abgesetzt werden können. Im ersten Monat nach der Gründung fokussiert sich Herr Liebich auf den grundsätzlichen Aufbau des Geschäftes. Dies bedeutet, der Unternehmer wird zu seinem chinesischen Partner der LINSHU EVERGREEN CO.LTD in die Volksrepublik China reisen und die Produktion sowie strengen Qualitätsanforderungen der drei Geschmacksrichtungen überwachen. Die Produktion der ersten Charge, bestehend aus 1.000 x 6er Pack (6 x 25 g) leicht gesalzenes gefriergetrocknetes Gemüse je Geschmacksrichtung, wird ca. zwei Wochen in Anspruch nehmen. Danach wird mit ca. sechs Wochen für die Frachtlaufzeiten per Seefracht inkl. Verzollung von China nach Deutschland gerechnet. Sobald die Ware den Frachthafen in China verlassen hat wird sich Herr Liebich, mit ein paar Warenmustern zurück nach Deutschland begeben. Bis zum Eintreffen der Ware am deutschen Logistikzentrum in Gallin wird sich Herr Liebich mit dem Aufbau der Vertriebsstruktur sowie des Marketings beschäftigen. Anfang des dritten Monats nach der Unternehmensgründung soll bereits das Auftragsvolumen an die DS Produkte GmbH abgesetzt, sowie die ersten Verkäufe über den eigenen Onlineshop realisiert werden. Für das Gesamtjahr 2023 wird mit einer Absatzsteigerung von 30 % für den Onlineshop bzw. mit 700 % für den stationären Handel gerechnet. Die 700 % Absatzsteigerung für den stationären Handel basieren auf der Annahme, dass die Produkte in allen der ca. 2.300 REWE-Filialen Deutschlands erhältlich sein werden. Die 30 % Absatzsteigerung im Onlineshop hingegen basieren auf der Annahme, dass Kunden die Preisersparnis pro Einzeltüte im Onlineshop gegenüber dem Einzelhandel nutzen werden. Durch exzessive Werbung auf allen oben beschriebenen Vertriebskanälen wird für das Gesamtjahr 2024 mit einer Absatzsteigerung von noch einmal ca. 10 % gerechnet. Diese Annahme gilt für den Onlineshop und dem direkten Verkauf in den ca. 2.300 REWE-Filialen in Deutschland. Für die weiteren Jahre wird die Abgesetzte Menge stabil bleiben, da sich der Markt sättigt. Hingegen wird es Inflationsbedingt zur einmaligen Anpassung des Nettoverkaufspreises pro 25g-Tüte um 0,10 EUR kommen. Die Erhöhung basiert zusätzlich auf der Annahme das die Einkaufspreise ebenfalls im vierten Jahr von den Lieferanten um 0,10 EUR pro 25g-Tüte angepasst werden.

Die nachfolgenden Tabellen 2 und 3 zeigen die detaillierte Absatz- und Umsatzentwicklung für das Jahr 2021 sowie die Prognosen für die Gesamtjahre 2022 bis 2026. Es ist dabei zu betrachten, dass die Umsatzsteuer nicht in den Umsatzerlösen enthalten ist.[26]

Tabelle 2: Absatzplanung 2022-2024

Absatz in Periode	Jan 22	...	Apr 22	Mai 22	Jun 22	...	Dez 22	2022	2023	2024	2025	2026
6er Pack in tsd. „Einzelhandel"	0	...	0	0,9	1,5	...	1,5	11,4	79,8	87,78	87,78	87,78
6er Pack in tsd. „Onlinehande	0	...	0	0,05	0,25	...	0,25	1,8	2,34	2,574	2,574	2,574

Quelle: In Anlehnung an Vogelsang, Eva, Fink, Christian, Baumann, Matthias, Existenzgründung, 2013, S. 342.

Tabelle 3: Umsatzplanung 2022-2024

Absatz in Periode	Jan 22	...	Apr 22	Mai 22	Jun 22	...	Dez 22	2022	2023	2024	2025	2026
6er Pack in tsd. „Einzelhandel"	0	...	0	13,23	22,05	...	22,05	167,58	1.173,06	1.290,37	1.343,04	1.343,04
6er Pack in tsd. „Onlinehande	0	...	0	0,934	4,67	...	4,67	33,62	43,71	48,08	49,62	49,62
Summe in tsd. EUR	0	...	0	14,164	26,72	...	26,72	201,20	1.216,77	1.338,45	1.392,66	1.392,66

Quelle: In Anlehnung an Vogelsang, Eva, Fink, Christian, Baumann, Matthias, Existenzgründung, 2013, S. 342.

6 Lieferanten und Vorleistungen

6.1 Produktion

Die leicht gesalzenen gefriergetrockneten Gemüsesnacks werden direkt aus der Volksrepublik China von LINSHU EVERGREEN CO.LTD in Linshu County aus der Provinz Shandong bezogen. Das Unternehmen ist seit 2001 am Markt und eines der führenden Hersteller in der Produktion und Verarbeitung von gefriergetrockneten Gemüsesnacks in der Volksrepublik China. LINSHU EVERGREEN CO.LTD betreibt selbst über 1000 eigene Geschäfte in der Volksrepublik, in denen die leicht gesalzenen gefriergetrockneten Gemüsesnacks äußerst erfolgreich verkauft werden.

---

[26] Vgl. Vogelsang, Eva, Fink, Christian, Baumann, Matthias, Existenzgründung, 2013, S. 339-342.

Das Unternehmen wird für die DaiDaiShu Snack-World e. K. die komplette Produktion sowie Verpackung der drei Sorten „Shiitake salzig", „Buschbohne salzig" und „Gemüsemix salzig" übernehmen. Die LINSHU EVERGREEN CO.LTD kann bei Bedarf jederzeit innerhalb von zwei Wochen 5.000 x 6er Pack (6 x 25g-Tüte) je Geschmacksrichtung produzieren. Diese Flexibilität ermöglicht es jederzeit Marktgerecht zu agieren.

In den ersten 12 Monaten wird die LINSHU EVERGREEN CO.LTD alleiniger Lieferant der DaiDaiShu Snack-World e. K. sein. Aus den vertraglich festgelegten Stückzahlen von mindestens 3.500 x 6er Packs alle zwei Monate, über die nächsten zwei Jahre, ergibt sich ein Nettoeinkaufspreis von 9,60 EUR pro 6er Pack. Dieser Preis würde sich bei höheren Abnahmemengen noch um einen zweistelligen Cent-Betrag reduzieren lassen. Herr Liebich möchte aber nicht das Risiko eingehen, die LINSHU EVERGREEN CO.LTD als einzigen Lieferanten zu führen und damit in eine gewisse Abhängigkeit zu geraten. Aus diesem Grund wird aktuell nach einem zweiten Lieferanten aus der Volksrepublik China gesucht. Es hat sich aber bereits gezeigt, dass sich die Einkaufspreise nicht wesentlich unterscheiden. Ziel ist es, durch erhöhte Abnahmemengen den Preis von 9,60 EUR pro 6er Pack zu halten bzw. noch weiter zu reduzieren.

Das langfristige Ziel ist es die LINSHU EVERGREEN CO.LTD als A-Lieferant zu halten und einen weiteren Lieferanten als B-Lieferant zu gewinnen.[27]

6.2 Logistik

Die DS Produkte GmbH aus Stapelfeld in Schleswig-Holstein, wird für den sicheren Transport der Ware von der Volkrepublik China nach Deutschland zuständig sein. Das Unternehmen existiert seit 1973 und beliefert unter anderem Versand-, Lebensmittel- und Einzelhändler sowie Discounter in Deutschland und Europa mit Aktionsware aus China. Im eigenen Logistikzentrum in Gallin, wird diese dabei die Lagerung und Kommissionierung der Ware übernehmen.[28] Bevor diese anschließend über den eigenen Onlineshop und an die REWE-Filialen in Deutschland ausgeliefert wird.

---

27 Vgl. https://www.europages.de/unternehmen/Gefriergetrocknetes%20Gem%C3%BCse/China/Hersteller%20Fabrikant/Gefriergetrocknetes%20Gem%C3%BCse.html/, Zugriff am 17.01.2022
28 Vgl. https://www.dspro.de/leistungen/#/einkauf-import/, Zugriff am 16.01.2022

Aufgrund der guten Kontakte zum deutschen wie auch europäischen Lebensmitteleinzelhandels, ist die DS Produkte GmbH jederzeit in der Lage die Produkte der DaiDaiShu Snack-World e. K. in die Regale von ca. 25.000 Supermärkten zu bringen.

7 Standort

Die DaiDaiShu Snack-World e. K. ist in erster Linie als Importeur tätig und wird nur B2B Kunden betreuen. Dies bedeutet, dass Herr Liebich die meiste Zeit seiner Geschäftstätigkeit außerhausbesuche wahrnimmt, um die Produktvermarktung voranzutreiben. Aus diesem Grund wird der Unternehmenssitz vorerst am Wohnsitz des Gründers in Fürstenwalde sein. Durch die direkte Verkehrsanbindung an die Autobahn A12 ist man innerhalb einer dreiviertel Stunde im Stadtzentrum von Berlin oder am Hauptstadtflughafen. Hieraus ergibt sich dann die Möglichkeit, innerhalb weniger Stunden überall in Deutschland bzw. der Welt zu sein, um Geschäftskundenkontakte auszubauen bzw. zu pflegen.

Ein weiterer wichtiger Punkt für Fürstenwalde als Unternehmenssitz ist der für Deutschland recht niedrige Gewerbesteuerhebesatz von 316,9 Prozent.[29]

Um während der Gründung Kosten zu sparen, wird Herr Liebich zudem ein Coworking-Space in Fürstenwalde nutzen. Dieser ist zentral gelegen und wird durch das Unternehmen Spree-Hub gestellt. Mit einem Quartalspreis von 600€ zzgl. Mwst. sind die Fixkosten für einen Büroraum überschaubar. Zudem beträgt die Kündigungsfrist nur drei Monate, was größtmögliche Flexibilität ermöglicht. Im Preis inbegriffen ist die Nutzung von High Speed Internet, einem Shared Desk und die Möglichkeit, 1x im Monat den Meetingraum buchen zu können. Der Coworking-Space ist zudem 24 Stunden am Tag, 7 Tage die Woche geöffnet, was ein flexibles Arbeiten ermöglicht.[30]

8 Unternehmensorganisations- und Personalmanagement

Das Unternehmen wird als Einzelunternehmen gegründet. Der Name des Unternehmens wird „DaiDaiShu Snack-World" lauten. DaiDaiShu kommt aus dem chinesischen und bedeutet so viel wie verrücktes Gemüse. Die Form als Einzelunternehmen wurde gewählt, da die formalen Anforderungen geringer sind als bei Kapitalgesellschaften, was bei dieser

---

[27] Vgl. https://www.europages.de/unternehmen/Gefriergetrocknetes%20Gem%C3%BCse/China/ Hersteller%20Fabrikant/Gefriergetrocknetes%20Gem%C3%BCse.html/, Zugriff am 17.01.2022
[28] Vgl. https://www.dspro.de/leistungen/#/einkauf-import/, Zugriff am 16.01.2022

Unternehmensgröße auch noch nicht erforderlich ist. Ein weiteres Argument für ein Einzelunternehmen stellt die höhere Kreditwürdigkeit des Existenzgründers dar. Die Gründung selbst ist vergleichsweise kostengünstig und schnell zu realisieren. Da die DaiDaiShu Snack-World e. K. hauptsächlich als Auftraggeber und Importeur fungiert, ist die Anschaffung von Produktionsanlagen bzw. Verkaufsflächen nicht notwendig. Durch die bereits im Vorfeld vertraglich festgelegten Abnahmemengen durch DS Produkte GmbH besteht kein sehr hohes finanzielles Risiko. Dadurch kann der Unternehmer das Risiko seiner Geschäftstätigkeit gut abschätzen.

DaiDaiShu Snack-World e. K. wird zunächst mit dem Gründer, Herrn Stephan Liebich, und seiner Ehefrau Zhenlin Wang betrieben (vgl. Abbildung 7). Seine Ehefrau ist gebürtige Chinesin, sie wird sich um die Vertragsübersetzungen zwischen der DaiDaiShu Snack-World e. K. und dem chinesischen Partner der LINSHU EVERGREEN CO.LTD kümmern. Zudem wird sie regelmäßig Vorortbesuche am Produktionsstandort der LINSHU EVERGREEN CO.LTD in China durchführen, um den Produktionsprozess und die Qualität der Produkte zu überwachen. Eine bedeutende Aufgabe wird Frau Wang mit der Betreuung der Social-Media-Kanäle (wie Instagram, Facebook und YouTube) und den eigenen Onlineshop übernehmen, da Frau Wang im Umgang mit diesen Medien viel Erfahrung mitbringt. Zudem wird sie sich um den Großteil der Büroarbeiten im Verwaltungsbereich kümmern. Insgesamt wird sich Frau Wang mit 40 Stunden pro Woche in die Firma einbringen und dafür ein Bruttogehalt von 2.580 EUR erhalten.

Das Finanz- und Rechnungswesen, wie die laufende Finanzbuchhaltung sowie das Erstellen von Jahres- und Zwischenabschlüssen, wird extern vergeben. Da sich Herr Liebich komplett auf das Kerngeschäft konzentrieren möchte und buchhalterisch wenig Erfahrung mitbringt.

Die meiste Zeit wird der Gründer für die Vermarktung der Produkte der DaiDaiShu Snack-World e. K. aufbringen. Der Besuch von Fachmessen und potenzielle Kundenbesuche wird hierbei mit 80% angegeben. Herr Liebich wird in ganz Deutschland sowie Europa unterwegs sein. In der restlichen Zeit wird sich Herr Liebich mit Vertragsverhandlungen, Kontrolle der Lieferanten und um die administrativen Tätigkeiten im Unternehmen kümmern.[31]

---

[31] Vgl. Vogelsang, Eva, Fink, Christian, Baumann, Matthias, Existenzgründung, 2013, S. 343-344.

Abbildung 7: Organigramm des Unternehmens

Quelle: Eigene Darstellung

9 Chancen und Risiken

Die DaiDaiShu Snack-World e. K. hat mit ihren drei Kernprodukten „Shiitake salzig", „Buschbohne salzig" und „Gemüsemix salzig" beste Chancen, am Markt dauerhaft erfolgreich zu sein. Um diese Aussage zu untermauern, sind zunächst die externen Chancen und Risiken zu betrachten, bevor im nächsten Schritt die individuellen Stärken und Schwächen des Unternehmens analysiert werden.

Der DaiDaiShu Snack-World e. K. bieten sich durch den aktuellen Trend in Richtung eines stetig steigenden Gesundheitsbewusstseins sowie der Bereitschaft der Verbraucher, dafür mehr Geld auszugeben, umfangreiche Möglichkeiten, um erfolgreich in den Markt für Knabberartikel einzusteigen.[32] Dabei soll unter der Marke „DaiDaiShu" ein umfangreiches Produktportfolio für leicht gesalzenes gefriergetrocknetes Gemüse als Knabbersnack entstehen.

Diese Chancen können durch die Stärken des Unternehmens optimal genutzt werden. Die Hauptstärke des Unternehmens besteht in der Innovation des Produktes, da leicht gesalzenes gefriergetrocknetes Gemüse ein Alleinstellungsmerkmal auf dem deutschen

---

[32] Vgl. https://www.markenartikel-magazin.de/_rubric/detail.php?nr=39227&rubric=handel-e-commerce, Zugriff am 17.01.2022

Markt ist. Wenn der Verbraucher an eine gesunde Alternative zu herkömmlichen Knabberartikeln denkt, bei gleichem Geschmacks- und Knabbererlebnis, soll dieser an die Produkte der Marke „DaiDaiShu" denken. Eine weitere Stärke des Unternehmens ist der Unternehmensgründer selbst. Er besitzt hervorragende Kontakte zu verlässlichen Lieferanten und Händlern, welche bei Bedarf ihre Produktionskapazitäten zeitnah erhöhen können. Erste Verträge wurde bereits mit der LINSHU EVERGREEN CO.LTD für die Produktion und die DS Produkte GmbH für die Logistik sowie Vertrieb unterzeichnet. Zudem ist Herr Liebich immer auf der Suche nach neuen innovativen Produkten aus der Volksrepublik China, welche in Deutschland ebenfalls erfolgreich vermarktet werden können.

Als Risiken und damit auch als Schwächen sind hingegen vor allem der recht hohe Verkaufspreis von 3,49 EUR pro 25 g Tüte sowie Nachahmung der Produkte zu nennen. Letzteres Risiko wird sich auf Dauer nicht verhindern lassen, da sich die großen Markenhersteller für Knabberartikel nicht die Marktanteile nehmen lassen werden. Aus diesem Grund ist es umso wichtiger die Marke „DaiDaiShu" so schnell wie möglich als Marke für oben beschriebene Produkte zu etablieren. Die unverbindliche Preisempfehlung von 3,49 EUR pro 25 g Packung kann sich zudem negativ auf den Absatz auswirken, da die Einstiegsbarriere für den Kunden recht hoch gesetzt ist im Verhältnis zu anderen Knabberartikeln. Seit geraumer Zeit ist eine steigende Preissensibilität der Kunden zu beobachten. Dies birgt die Gefahr der Abwanderung von Kunden in den Bereich der „Marken-Discounter".

Die nachfolgende SWOT-Analyse (vgl. Abbildung 8) soll die dargestellten Chancen und Risiken den Stärken und Schwächen des Unternehmens strukturiert gegenüberstellen und die daraus erwachsenden Potenziale und Gefahren aufzeigen.[33]

---

[33] Vgl. Vogelsang, Eva, Fink, Christian, Baumann, Matthias, Existenzgründung, 2013, S. 352-353.

Abbildung 8: SWOT-Analyse

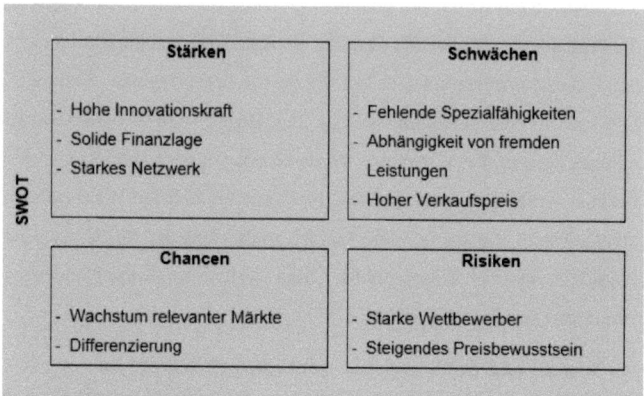

Quelle: Eigene Darstellung

10 Finanzwirtschaftliche Planungen

Die finanzwirtschaftlichen Planungen der DaiDaiShu Snack-World e. K. gliedern sich grundsätzlich in drei Teilbereiche und beinhalten eine Kapitalbedarfsplanung, einen Erfolgsplan sowie eine Liquiditätsplanung über fünf Jahre.[34]

10.1 Kapitalbedarfsplanung

Die Kapitalbedarfsplanung besteht aus verschiedenen Teilplänen, die zusammengesetzt den benötigten Kapitalbedarf des Unternehmens für die ersten zwölf Monate aufzeigen.

Dabei belaufen sich die Startinvestitionen auf ca. 35.300 EUR. Der größte Anteil entfällt hierbei mit 28.800 EUR auf die Erstbevorratung mit 3.000 x 6er Pack leicht gesalzenes gefriergetrocknetes Gemüse. Die Transportkosten von der Volksrepublik China nach Deutschland werden mit insgesamt 3.000 EUR angegeben. Die restlichen 3.500 EUR werden für die Markeneintragung bzw. IT-Infrastruktur verwendet.

Dadurch, dass die DaiDaiShu Snack-World e. K. in erster Linie als Importeur tätig ist und selbst nichts produziert, ist die Anschaffung von technischen Anlagen, Maschinen bzw. Betriebs- und Geschäftsausstattung nicht notwendig. Die Zusammenfassung des Investitionsbedarfs sieht wie folgt aus (vgl. Tabelle 4):

---

[34] Vgl. Vogelsang, Eva, Fink, Christian, Baumann, Matthias, Existenzgründung, 2013, S. 346.

Tabelle 4: Investitionsbedarf

Startinvestitionen (netto)	Betrag in €
Langfristige Investitionen	
Grundstück/Gebäude	0 €
Kaufpreis/Übernahmepreis	0 €
Bau- und Umbaumaßnahmen	0 €
Maschinen/Geräte	0 €
Einrichtung/Büroausstattung	0 €
Firmenfahrzeug	0 €
PC/Software	3 000 €
Patent-/Lizenz-/Franchisegebühr/Markeneintragung	500 €
Mittel-und kurzfristige Investitionen	
Material- und Warenlager	28 800 €
Kosten für übernommenes Warenlager	0 €
Rohstoffe, Hilfs- und Betriebsstoffe	0 €
Geringfügige Wirtschaftsgüter Sammelposten	3 000 €
Summe Startinvestitionen	35 300 €

Quelle: In Anlehnung an https://www.ihk-muenchen.de/ihk/documents/

Gr%C3%BCndung/Businessplan-Vorlage-Finanzteil.xlsx, Zugriff am

18.01.2022

Der sonstige Kapitalbedarf, welcher sich aus den Gründungskosten (38.557 EUR) und den Kosten für die Anlaufphase bzw. Betriebsmittelbedarf (26.143 EUR) zusammensetzt, wurde mit insgesamt 64.700 EUR kalkuliert (vgl. Tabelle 5). Die Gründungskosten setzen sich dabei im Wesentlichen aus den zur Unternehmensgründung notwendigen Formalitäten verbundenen Kosten, den Werbekosten sowie Reise- und Anwaltskosten für die Vertragsverhandlungen zusammen. Der Betriebsmittelbedarf wurde hingegen dem Liquiditätsplan für die ersten 12 Monate nach Unternehmensgründung entnommen. In diesem sind auch die privaten Lebenshaltungskosten (vgl. Anhang I) des Unternehmensgründers enthalten, welche im Anhang detailliert aufgelistet sind.[35]

---

[35] Vgl. Vogelsang, Eva, Fink, Christian, Baumann, Matthias, Existenzgründung, 2013, S. 347.

Tabelle 5: Sonstiger Kapitalbedarf

Sonstiger Kapitalbedarf	Betrag in €
Gründungskosten	38 557 €
Gewerbeanmeldung	100 €
Anmeldung/Genehmigungen	1 000 €
Eintrag ins Handelsregister	250 €
Notar/Beratung/Rechtsanwalt	2 500 €
Kautionen/Stellplatzabgabe	0 €
Aus- und Fortbildungskosten	2 000 €
Markteinführungskosten	26 000 €
Vorfinanzierung USt aus Startinvestitionen	6 707 €
Kosten für Anlaufphase/Betriebsmittelbedarf	26 143 €
Summe sonstiger Kapitalbedarf	64 700 €

Quelle: In Anlehnung an https://www.ihk-muenchen.de/ihk/documents/
Gr%C3%BCndung/Businessplan-Vorlage-Finanzteil.xlsx, Zugriff am
18.01.2022

Es ergibt sich somit ein Gesamtkapitalbedarf von 100.000 EUR. Der Firmengründer Herr Liebich bringt selbst 50.000 EUR in das Unternehmen ein. Somit werden noch 50.000 EUR als Fremdkapital benötigt. Dieses soll komplett über ein Darlehen finanziert werden. Zudem hat sich aus der Liquiditätsplanung gezeigt, dass zusätzlich 30.000 EUR als Kontokorrentkredit benötigt werden. Dieser wird nur für den Wareneinkauf benötigt und innerhalb eines Monats zurückgezahlt.

10.2 Erfolgsplanung

In der Erfolgsplanung werden die Erlöse aus der Geschäftstätigkeit von Herrn Liebich den bedingten Kosten gegenübergestellt (vgl. Tabelle 6). Es zeigt sich deutlich, dass im ersten Jahr der Geschäftstätigkeit ein negatives Betriebsergebnis erwirtschaftet wird. Dies ist den bei Unternehmensgründung bereits vollumfänglich anfallenden Kosten geschuldet. Die Personalkosten sowie Werbekosten fallen dabei besonders ins Gewicht. Die ersten Umsatzerlöse werden im Mai 2022 generiert. Erst ab dem Jahr 2023 kann ein positives Betriebsergebnis erzielt werden. In der Ergebnisplanung für 2023 bis 2026 sind umsatzseitig höhere Absatzzahlen zu berücksichtigen (vgl. Tabelle 2: Absatzplanung 2022-2024), die jedoch auch zu erhöhten Warenkosten führen. Zudem wird über die Jahre in fast allen Bereichen mit steigenden Ausgaben gerechnet. Eine detaillierte Auflistung der Umsatz- und Rentabilitätsplanung ist im Anhang II aufgeführt.[36]

Tabelle 6: Umsatz- und Rentabilitätsplanung 2022-2026

Planperiode Beträge in € (netto)	2022	2023	2024	2025	2026
Umsatzerlöse Einzelhandelsgeschäft	167 580 €	1 173 060 €	1 290 366 €	1 343 040 €	1 343 040 €
Umsatzerlöse Onlinegeschäft	33 624 €	43 711 €	48 082 €	49 620 €	49 620 €
Umsatzerlöse (Summe)	201 204 €	1 216 771 €	1 338 448 €	1 392 660 €	1 392 660 €
Waren-/Materialeinsatz	163 200 €	788 544 €	867 398 €	921 610 €	921 610 €
Rohertrag	38 004 €	428 227 €	471 050 €	471 050 €	471 050 €
Personalkosten	31 237 €	37 485 €	37 485 €	39 359 €	39 359 €
Fremdleistungen (Logistik)	17 400 €	86 900 €	114 708 €	114 708 €	114 708 €
Abschreibungen	1 319 €	1 583 €	1 583 €	1 583 €	1 583 €
Miete einschl. Nebenkosten	2 000 €	2 400 €	2 400 €	2 568 €	2 568 €
Reparaturen, Wartung	500 €	600 €	600 €	600 €	600 €
KFZ-Kosten: Leasing, Steuern, Versicherung	5 000 €	6 000 €	6 000 €	6 000 €	6 000 €
KFZ-Kosten: Benzin, Instandhaltung, Pflege	2 500 €	3 000 €	3 150 €	3 308 €	3 473 €
Sonstige Reisekosten	8 000 €	8 000 €	12 000 €	12 000 €	12 000 €
Betriebl. Versicherungen / Beiträge	2 000 €	2 400 €	2 400 €	2 400 €	2 400 €
Telefon/Fax/Internet/Handy/Porto	1 000 €	1 200 €	1 200 €	1 200 €	1 200 €
Werbekosten, Internet, Messen, Bewirtung	26 300 €	118 100 €	135 960 €	135 960 €	135 960 €
Buchführungs- und Steuerberatungskosten	5 000 €	11 500 €	12 000 €	12 960 €	12 960 €
Rechtsanwalts- und Beratungskosten	4 900 €	3 600 €	3 600 €	3 600 €	3 600 €
Sonstige Kosten	5 000 €	5 000 €	5 000 €	6 000 €	6 000 €
Gesamtkosten	112 157 €	287 768 €	338 086 €	342 246 €	342 411 €
Betriebsergebnis vor Zinsen, Steuern (EBIT)	- 74 153 €	140 459 €	132 963 €	128 804 €	128 639 €
./. Zinsen und ähnliche Aufwendungen	1 495 €	3 303 €	1 666 €	1 090 €	514 €
Betriebsergebnis / Gewinn vor Steuern	-75 648 €	137 156 €	131 297 €	127 714 €	128 125 €
Steuern	0 €	41 147 €	39 389 €	38 314 €	38 437 €
Betriebsergebnis / Gewinn nach Steuern	-75 648 €	96 010 €	91 908 €	89 400 €	89 687 €

Quelle: In Anlehnung an https://www.ihk-muenchen.de/ihk/documents/ Gr%C3%BCndung/Businessplan-Vorlage-Finanzteil.xlsx, Zugriff am 18.01.2022

Zur Vereinfachung der Feststellung des Break-Even Punktes wurde auf das Onlinegeschäft verzichtet. Ausgehend vom alleinigen Verkauf im Einzelhandel müssen mindestens 70.315 x 6er Pack verkauft werden um weder eine Über- noch Unterdeckung zu erhalten. Daraus ergibt sich ein Mindestumsatz von ca. 1.033.630 EUR der erwirtschaftet werden muss. Nachfolgende Tabelle 7 soll das Ergebnis besser veranschaulichen.

---

[36] Vgl. Vogelsang, Eva, Fink, Christian, Baumann, Matthias, Existenzgründung, 2013, S. 349.

Tabelle 7: Feststellung des Break-Even Punktes

Planperiode Beträge in € (netto)	Break-Even	Bemerkungen
Umsatzerlöse Einzelhandelsgeschäft	1 033 630 €	70.315 x 14,7 EUR
Umsatzerlöse Onlinegeschäft	0 €	
Umsatzerlöse (Summe)	1 033 630 €	Ergebnis
Waren-/Materialeinsatz	675 024 €	70.315 x 9,6 EUR
Rohertrag	358 606 €	Ergebnis
Personalkosten	37 485 €	Lohnerhöhung im Jahr 2025 von 5%
Fremdleistungen (Logistik)	78 065 €	Transportkosten entsprechend dem Wareneinsatz angepasst
⋮	⋮	
Gesamtkosten	278 933 €	
Betriebsergebnis vor Zinsen, Steuern (EBIT)	79 673 €	
./. Zinsen und ähnliche Aufwendungen	1 911 €	Zinsen auf Darlehen
Betriebsergebnis / Gewinn vor Steuern	77 762 €	
Steuern	23 329 €	Steuerlast 30%
Betriebsergebnis / Gewinn nach Steuern	54 433 €	
- Private Lebenshaltungskosten	45 600	
+ Abschreibungen (siehe oben)	3 167	
- Tilgung Darlehen	12 000	
Über-/Unterdeckung	0	

Quelle: In Anlehnung an https://www.ihk-muenchen.de/ihk/documents/ Gr%C3%BCndung/Businessplan-Vorlage-Finanzteil.xlsx, Zugriff am 18.01.2022

Zusätzlich wurde ein Worst-Case Szenario simuliert, welches die Wirtschaftlichkeit des Unternehmens bei Erhöhung der Lieferantenpreise sowie Umsatzrückgängen feststellen soll. Das Ergebnis ist im Anhang III detailliert aufgeführt. Ab dem zweiten Geschäftsjahr, ergibt sich zu keinem Zeitpunkt ein negatives Betriebsergebnis nach Steuern.

10.3 Liquiditätsplanung

Der Liquiditätsplan erfasst die voraussichtlichen Ein- und Auszahlungen der ersten 5 Jahre der Geschäftstätigkeit (vgl. Tabelle 8 und Anhang IV). Da es gerade in den Anfangsmonaten durch erhöhte Investitionen zu Liquiditätsengpässen kommen kann, wurde im Anhang V und VI eine detaillierte Planung über die ersten 24 Monaten vorgenommen. Die Einzahlungen aus dem Verkauf der Produkte von DaiDaiShu Snack-World e. K. fallen erstmals im Mai 2022 an und treffen ab Juni – entsprechend den Planabnahmen – voraussichtlich in konstanter Höhe ein. Bei den Auszahlungen fallen in den ersten zwei Monaten der Geschäftstätigkeit insbesondere die Startinvestitionskosten (inkl. Erstbevorratung) ins Gewicht. Aber auch die allgemeinen Betriebskosten sind von Anfang an zu berücksichtigen. Im ersten Monat der Geschäftstätigkeit steht das komplette

Eigenkapital zur Verfügung. Im zweiten Monat werden 20.000 EUR und im vierten Monat die letzten 30.000 EUR des Darlehens von der Bank in Anspruch genommen. Dies ist notwendig, um die Lieferantenrechnungen zu begleichen und liquide zu bleiben. Aufgrund des hohen organischen Wachstums im zweiten Geschäftsjahr, wird es notwendig sein, im Februar 2023 auf den von der Bank eingeräumten Kontokorrentkredit von 30.000 EUR zurückzugreifen. Dieser wird spätestens drei Monate nach Inanspruchnahme vollständig zurückgezahlt. Alle Zahlungsströme stehen dem Bankguthaben gegenüber. Die Kundeneinzahlungen gehen ebenfalls dem Bankkonto zu. In Verbindung mit der vorhandenen Kreditlinie ergibt sich dadurch die Liquidität.[37]

Tabelle 8: Liquiditätsplan 2022-2026

Beträge in €	2022	2023	2024	2025	2026
	10 Monate ...	12 Monate ...	12 Monate ...	12 Monate ...	12 Monate ...
Übertrag Liquiditäts-Endbestand Vorjahr	- €	12 219,61 €	156 826,54 €	298 969,98 €	443 177,59 €
Einzahlungen (brutto)					
Summe Liquiditätszugang	316 288,28 €	1 331 945,18 €	1 432 139,36 €	1 490 146,20 €	1 490 146,20 €
Rechengröße: vereinnahmte Umsatzsteuer (Mehrwertsteuer)	14 084,28 €	85 173,98 €	93 691,36 €	97 486,20 €	97 486,20 €
Auszahlungen für Investitionen					
Summe Investitionsausgaben	3 000,00 €	- €	3 000,00 €	- €	3 000,00 €
Auszahlungen für betriebliche Kosten					
Summe betriebliche Kosten	275 532,39 €	1 118 031,42 €	1 217 567,24 €	1 275 362,58 €	1 274 951,96 €
Rechengröße: gezahlte Umsatzsteuer (Vorsteuer)	26 548,00 €	102 641,08 €	117 531,31 €	121 760,37 €	121 791,79 €
Betriebliche Steuern					
Umsatzsteuer (Zahllast oder Erstattung)	- 12 463,72 €	- 17 467,10 €	- 23 839,95 €	- 24 274,17 €	- 24 305,59 €
Steuern (Voraus-, Nachzahlungen für GewSt, KöSt)	- €	41 173,93 €	46 300,63 €	46 473,13 €	46 645,63 €
Kapitalentnahmen (z.B. Privatentnahmen resp. Lebenshaltungskosten)	38 000,00 €	45 600,00 €	46 968,00 €	48 377,04 €	49 828,35 €
Summe Liquiditätsabgang	304 068,67 €	1 187 338,26 €	1 289 995,92 €	1 345 938,59 €	1 350 120,35 €
Liquiditätssaldo (Endbestand Monat) (Vormonat plus Liqu.Zugang minus Liqu.Abgang)	12 219,61 €	156 826,54 €	298 969,98 €	443 177,59 €	583 203,44 €

Quelle: In Anlehnung an https://www.ihk-muenchen.de/ihk/documents/ Gr%C3%BCndung/Businessplan-Vorlage-Finanzteil.xlsx, Zugriff am 18.01.2022

---

[37] Vgl. Vogelsang, Eva, Fink, Christian, Baumann, Matthias, Existenzgründung, 2013, S. 351.

Anhang

Anhang I: Lebenshaltungskosten

	im Monat	im Jahr
Wohnkosten		
Mietkosten incl. Heizung	550 €	6 600 €
Strom, Wasser, Gas	150 €	1 800 €
Telefon	60 €	720 €
Soziale Absicherung		
Krankenversicherung	550 €	6 600 €
Rentenversicherung/Altersvorsorge	500 €	6 000 €
Freiwillige Arbeitslosenversicherung	50 €	600 €
Andere Versicherungen	120 €	1 440 €
Sonstige Verpflichtungen		
Private Kredite	0 €	0 €
Bausparverträge	0 €	0 €
Sonstiges (z.B. Unterhalt)	0 €	0 €
Mobilitätskosten		
Kfz-Steuer, Kfz-Versicherung	20 €	240 €
Benzin, Reparatur, Pflege	250 €	3 000 €
öffentliche Verkehrsmittel etc.	0 €	0 €
Lebensunterhalt		
Lebensmittel, Kleidung, Freizeit	900 €	10 800 €
Hausrat, Reparaturen	200 €	2 400 €
Bildung/Unterhaltung	200 €	2 400 €
Rücklagen (Urlaub, Krankheit etc.)	250 €	3 000 €
sonstige variable Kosten	0 €	0 €
Summe private Ausgaben	**3 800 €**	**45 600 €**
plus Einkommensteuer [2]	0 €	- €
Gesamtsumme= Mindestgewinn	**3 800 €**	**45 600 €**

Quelle: In Anlehnung an https://www.ihk-muenchen.de/ihk/documents/
Gr%C3%BCndung/Businessplan-Vorlage-Finanzteil.xlsx, Zugriff am
18.01.2022

Anhang II: Detaillierte Umsatz- und Rentabilitätsplanung 2022-2026

Planperiode Betrage in € (netto)	2022	2023	2024	2025	2026	Bemerkungen
Umsatzerlöse Einzelhandelsgeschäft	167 580 €	1 173 060 €	1 260 366 €	1 343 040 €	1 343 040 €	Wachstum Jahr 2023: 700%; Jahr 2024: 10%; Jahr 2025: -4%; Jahr 2026: 0%
Umsatzerlöse Onlinegeschäft	33 624 €	43 711 €	48 082 €	49 520 €	49 620 €	Wachstum Jahr 2023: 30%; Jahr 2024: 10%; Jahr 2025: -4%; Jahr 2026: 0%
Umsatzerlöse (Summe)	201 204 €	1 216 771 €	1 338 448 €	1 392 660 €	1 392 660 €	Ergebnis
Waren-/Materialeinsatz	163 200 €	788 544 €	867 396 €	921 610 €	921 610 €	Quote Jahr 2022-2024: ~65%; ab Jahr 2025: ~66%
Rohertrag	38 004 €	428 227 €	471 056 €	471 050 €	471 050 €	Ergebnis
Personalkosten	31 237 €	37 485 €	37 485 €	39 359 €	39 359 €	Lohnerhöhung im Jahr 2025 von 5%
Fremdleistungen (Logistik)	17 400 €	86 900 €	114 708 €	114 708 €	114 708 €	Logistiker erhöht im Jahr 2024 Transportkosten um 10%
Abschreibungen	1 319 €	1 583 €	1 583 €	1 583 €	1 583 €	Investitionsprogramm inkl. Abschreibungen
Miete einschl. Nebenkosten	2 000 €	2 400 €	2 400 €	2 568 €	2 568 €	Erhöhung der Miete im Jahr 2025 um 7%
Leasing Maschinen	0 €	0 €	0 €	0 €	0 €	
Reparaturen, Wartung	500 €	600 €	600 €	600 €	600 €	Wartungsvertrag bleibt konstant
KFZ-Kosten Leasing, Steuern, Versicherung	5 000 €	6 000 €	6 000 €	6 000 €	6 000 €	KFZ-Kosten bleiben durch Altvertrag konstant
KFZ-Kosten: Benzin, Instandhaltung, Pflege	2 500 €	3 000 €	3 150 €	3 308 €	3 473 €	KFZ-Kosten erhöhen sich ab 2024 jedes Jahr um 5%
Sonstige Reisekosten	8 000 €	8 000 €	12 000 €	12 000 €	12 000 €	Anzahl der Reisen reduzieren sich über die Jahre.
Betriebl. Versicherungen / Beiträge	2 000 €	2 400 €	2 400 €	2 400 €	2 400 €	bleibt konstant
Telefon/Fax/Internet/Handy/Porto	1 000 €	1 200 €	1 200 €	1 200 €	1 200 €	bleiben durch Altvertrag konstant
Werbekosten, Internet, Messen, Bewirtung	26 300 €	118 100 €	135 980 €	135 980 €	135 980 €	erhöht sich im Jahr 2024 einmalig um 10%
Buchführungs- und Steuerberatungskosten	5 000 €	11 500 €	12 000 €	12 960 €	12 960 €	erhöht sich im Jahr 2025 einmalig um 8%
Rechtsanwalts- und Beratungskosten	4 900 €	3 600 €	3 600 €	3 600 €	3 600 €	bleiben durch Altvertrag konstant
Sonstige Kosten	5 000 €	5 000 €	5 000 €	6 000 €	6 000 €	Anpassung der sonstigen Kosten im Jahr 2025 auf 6000 EUR
Gesamtkosten	112 157 €	287 768 €	338 086 €	342 246 €	342 411 €	
Betriebsergebnis vor Zinsen, Steuern (EBIT)	74 153 €	140 459 €	132 963 €	128 804 €	128 639 €	
+ Zinserträge	0 €	0 €	0 €	0 €	0 €	
J. Zinsen und ähnliche Aufwendungen	1 495 €	3 303 €	1 666 €	1 060 €	514 €	Zinsen auf Darlehen und Kontokorrentkredit
+ Außerordentliche Erträge	0 €	0 €	0 €	0 €	0 €	
J. Außerordentliche Aufwendungen	0 €	0 €	0 €	0 €	0 €	
Betriebsergebnis / Gewinn vor Steuern	-75 648 €	137 156 €	131 297 €	127 714 €	128 125 €	
Steuern	0 €	41 147 €	39 389 €	38 314 €	38 437 €	Steuerlast 30%
Betriebsergebnis / Gewinn nach Steuern	-75 648 €	96 010 €	91 908 €	89 400 €	89 687 €	

Quelle: In Anlehnung an https://www.ihk-muenchen.de/ihk/documents/ Gr%C3%BCndung/Businessplan-Vorlage-Finanzteil.xlsx, Zugriff am 18.01.2022

Anhang III: Worst-Case Szenario

Planperiode Beträge in € (netto)	2022	2023	2024	2025	2026	Bemerkungen
Umsatzerlöse Einzelhandelsgeschäft	167 580 €	837 900 €	754 110 €	723 946 €	723 946 €	Wachstum Jahr 2023 nur 60/5% statt 150%, Jahr 2024 -10%, Jahr 2025 -10%, Jahr 2026: 0%
Umsatzerlöse Onlinegeschäft	33 624 €	36 966 €	36 986 €	35 507 €	35 507 €	Wachstum Jahr 2023 10% statt 30%, Jahr 2024 0%, Jahr 2025 -4%, Jahr 2026: 0%
Umsatzerlöse (Summe)	201 204 €	874 886 €	791 096 €	759 453 €	759 453 €	Ergebnis
Waren-/Materialeinsatz	163 200 €	577 424 €	522 123 €	516 428 €	516 428 €	Quote Jahr 2022-2024 -66% statt -90%, ab Jahr 2025 -66%
Rohertrag	38 004 €	297 462 €	268 973 €	243 025 €	243 025 €	Ergebnis
Personalkosten	31 237 €	37 485 €	37 485 €	39 356 €	39 356 €	Lohnerhöhung im Jahr 2025 von 5%
Fremdleistungen (Logistik)	17 400 €	76 900 €	76 488 €	74 073 €	74 073 €	Logistik erhöht im Jahr 2024 Transportkosten um 10%
Abschreibungen	1 310 €	1 583 €	1 583 €	1 583 €	1 583 €	Investitionsprogramm inkl. Abschreibungen
Miete einschl. Nebenkosten	2 000 €	2 400 €	2 400 €	2 598 €	2 598 €	Erhöhung der Miete im Jahr 2025 um 7%
Leasing Maschinen	0 €	0 €	0 €	0 €	0 €	
Reparaturen, Wartung	500 €	600 €	600 €	600 €	800 €	Wartungsvertrag bleibt konstant
KFZ-Kosten: Leasing, Steuern, Versicherung	5 000 €	6 000 €	6 000 €	6 000 €	6 000 €	KFZ-Kosten bleiben durch Altvertrag konstant
KFZ-Kosten: Benzin, Instandhaltung, Pflege	2 500 €	3 000 €	3 150 €	3 308 €	3 473 €	KFZ-Kosten erhöhen sich ab 2024 jedes Jahr um 5%
Sonstige Reisekosten	8 000 €	8 000 €	12 000 €	12 000 €	12 000 €	Anzahl der Reisen reduzieren sich über die Jahre.
Betriebl. Versicherungen / Beiträge	2 000 €	2 400 €	2 400 €	2 400 €	2 400 €	bleibt konstant
Telefon/Fax/Internet/Handy/Porto	1 000 €	1 200 €	1 200 €	1 200 €	1 200 €	bleiben durch Altvertrag konstant
Werbekosten, Internet, Messen, Bewirtung	26 300 €	90 000 €	80 000 €	70 000 €	70 000 €	Anpassung im Jahr 2023 wegen nicht erreichter Umsatzziele auf 90.000 EUR ab Jahr 2024 auf 80.000 EUR und ab Jahr 2025 auf 70.000 EUR
Buchführungs- und Steuerberatungskosten	5 000 €	11 500 €	12 000 €	12 960 €	12 960 €	erhöht sich im Jahr 2025 einmalig um 8%
Rechtsanwalts- und Beratungskosten	4 500 €	3 600 €	3 600 €	3 600 €	3 600 €	bleiben durch Altvertrag konstant
Sonstige Kosten	5 000 €	5 000 €	5 000 €	6 000 €	6 000 €	Anpassung der sonstigen Kosten im Jahr 2025 auf 6000 EUR
Gesamtkosten	112 157 €	249 668 €	243 906 €	235 651 €	235 816 €	
Betriebsergebnis vor Zinsen, Steuern (EBIT)	- 74 153 €	47 794 €	25 067 €	7 374 €	7 208 €	
+ Zinserträge	0 €	0 €	0 €	0 €	0 €	
./. Zinsen und ähnliche Aufwendungen	1 495 €	3 303 €	1 666 €	1 090 €	514 €	Zinsen auf Darlehen und Kontokorrentkredit
+ Außerordentliche Erträge	0 €	0 €	0 €	0 €	0 €	
./. Außerordentliche Aufwendungen	0 €	0 €	0 €	0 €	0 €	
Betriebsergebnis / Gewinn vor Steuern	-75 648 €	44 492 €	23 401 €	6 284 €	6 694 €	
Steuern	0 €	13 347 €	7 020 €	1 885 €	2 008 €	Steuerlast 30%
Betriebsergebnis / Gewinn nach Steuern	-75 648 €	31 144 €	16 381 €	4 399 €	4 686 €	

Quelle: In Anlehnung an https://www.ihk-muenchen.de/ihk/documents/
Gr%C3%BCndung/Businessplan-Vorlage-Finanzteil.xlsx, Zugriff am
18.01.2022

Anhang VI: Detaillierte Liquiditätsplanung 2022-2026

Beträge in €	2022 (10 Monate...)	2023 (12 Monate)	2024 (12 Monate)	2025 (12 Monate)	2026 (12 Monate)	Bemerkungen
Übertrag Liquiditäts-Endbestand Vorjahr	- €	- €	156 826,54 €	298 963,98 €	443 177,59 €	
Einzahlungen (brutto) aus						
Forderungen aus Lieferung u. Leistung (bezahlte Rechnungen)	215 288,28 €	1 301 945,18 €	1 432 139,36 €	1 490 146,20 €	1 490 146,20 €	Wachstum Jahr 2023: 700%; Jahr 2024: 10%; Jahr 2025: -4%; Jahr 2026: 0%
Barverkäufe	- €	- €	- €	- €	- €	Wachstum Jahr 2023: 30%; Jahr 2024: 10%; Jahr 2025: -4%; Jahr 2026: 0%
erhaltene Kundenanzahlungen	- €	- €	- €	- €	- €	
Eigenkapital-Einlagen	50 000,00 €	- €	- €	- €	- €	Ergebnis
Kreditauszahlung (einschließlich Kontokorrentkredite)	50 000,00 €	30 000,00 €	- €	- €	- €	Jahr 2022: Auszahlung Darlehen; Jahr 2023: kurzfristige Inanspruchnahme Kontokorrentkredit 30.000 EUR
sonstige Einnahmen (z.B. Gründungszuschuss)	1 000,00 €	- €	- €	- €	- €	
Summe Liquiditätszugang	316 288,28 €	1 331 945,18 €	1 432 139,36 €	1 490 146,20 €	1 490 146,20 €	
Rechnungsgröße: Vereinnahmte Umsatzsteuer (Mehrwertsteuer)	14 984,28 €	85 173,98 €	93 891,36 €	97 486,20 €	97 486,20 €	
Auszahlungen für Investitionen						
Grundstück/Gebäude/Umbaumaßnahmen	- €	- €	- €	- €	- €	
Anschaffung Maschinen/Geräte	- €	- €	- €	- €	- €	
Büroausstattung, PCs, Firmenfahrzeug	3 000,00 €	- €	3 000,00 €	- €	3 000,00 €	Laptop + Software
Summe Investitionsausgaben	3 000,00 €	- €	3 000,00 €	- €	3 000,00 €	
Auszahlungen für betriebliche Kosten						
Ware, Material, Roh-, Hilfs-, Betriebsstoffe	163 220,00 €	788 544,00 €	867 398,40 €	921 610,00 €	921 610,00 €	Quote Jahr 2022-2024: ~65%, ab Jahr 2025: ~66%
Personalkosten	31 237,40 €	37 484,88 €	37 484,68 €	39 359,12 €	39 359,12 €	Lohnerhöhung im Jahr 2025 um 5%
Fremdleistungen (Logistik)	17 400,00 €	37 400,00 €	114 708 €	114 708 €	114 708 €	Logistiker erhält im Jahr 2024 Transportkosten um 10%
Miete einschl. Nebenkosten	2 000,00 €	2 400,00 €	2 400,00 €	2 566 €	2 566 €	Erhöhung der Miete im Jahr 2025 um 7%
Leasing Maschinen	- €	- €	- €	- €	- €	Erhöhung der Miete im Jahr 2025 um 7%
Reparatur, Wartung	500,00 €	600,00 €	600,00 €	600 €	600 €	Wartungsvertrag bleibt konstant
KFZ-Kosten: Leasing, Steuern, Versicherung	6 000,00 €	6 000,00 €	6 000,00 €	6 000 €	6 000 €	KFZ-Kosten bleiben durch Abkehrung konstant
KFZ-Kosten: Benzin, Instandhaltung, Pflege	2 500,00 €	3 000,00 €	3 150 €	3 308 €	3 473 €	KFZ-Kosten erhöhen sich ab 2024 jedes Jahr um 5%
sonstige Reisekosten	8 000,00 €	8 000,00 €	12 000 €	12 000 €	12 000 €	Anzahl der Reisen reduzieren sich über die Jahre, bleibt konstant
Betriebl. Versicherungen / Beiträge	2 000,00 €	2 400,00 €	2 400 €	2 400 €	2 400 €	bleiben durch Abkehrung konstant
Telefon/Fax/Internet/Handy/Porto	1 000,00 €	1 200,00 €	1 200 €	1 200 €	1 200 €	
Werbekosten, Internet, Messen, Bewirtung	26 300,00 €	108 100,00 €	135 960 €	135 960 €	135 960 €	erhöht sich im Jahr 2024 einmalig um 10%
Buchführungs- und Steuerberatungskosten	5 000,00 €	11 500,00 €	12 960 €	12 960 €	12 960 €	erhöht sich im Jahr 2025 einmalig um 8%
Rechtsanwalts- und Beratungskosten	4 900,00 €	3 600,00 €	3 600 €	3 600 €	3 600 €	bleiben durch Abkehrung konstant
Sonstige Kosten (z.B. Gebühren, Abgaben)	5 000,00 €	6 000,00 €	6 000 €	6 000 €	6 000 €	Anpassung der sonstigen Kosten im Jahr 2025 auf 6000 EUR
Anzahlungen an Lieferanten	- €	- €	- €	- €	- €	Anpassung der sonstigen Kosten im Jahr 2025 auf 6000 EUR
Zinsen für Darlehen und Kontokorrentkredite	1 494,99 €	3 302,54 €	1 666,96 €	1 089,96 €	513,96 €	Zinsen auf Darlehen; Jahr 2023: bei Inanspruchnahme zusätzlich Zinsen des Kontokorrentkredites
Tilgungskosten Darlehen (einschließlich Kontokorrentkredite)	- €	39 000,00 €	12 000,00 €	12 000,00 €	12 000,00 €	Erste 12 Monate Tilgungsfrei, danach jeden Monat 1.000 EUR; Jahr 2023: Rückzahlung des Kontokorrentkredites
Summe betriebliche Kosten	275 052,39 €	1 118 031,42 €	1 217 567,24 €	1 275 362,58 €	1 274 961,96 €	
Rechnungsgröße: gezahlte Umsatzsteuer (Vorsteuern)	26 548,00 €	102 645,88 €	117 531,31 €	121 780,37 €	121 791,79 €	
Betriebliche Steuern						
Umsatzsteuer Zahllast (nach Erstattung)	12 453,72 €	17 467,10 €	23 639,95 €	24 274,17 €	24 305,59 €	Steuersatz 30%
Steuern (Vortrag, Nachzahlungen für GewSt, KöSt)	- €	41 173,93 €	46 300,63 €	46 473,13 €	46 645,63 €	
Kapitalentnahmen						
(z.B. Privatentnahmen resp. Lebenshaltungskosten)	38 000,00 €	45 600,00 €	46 968,00 €	48 377,04 €	49 828,38 €	ab Jahr 2024 Erhöhung um jährlich 3%
Summe Liquiditätsabgang	304 056,67 €	1 187 938,26 €	1 289 995,92 €	1 345 938,59 €	1 350 120,35 €	
Liquiditätssaldo (Endbestand Monat) (Vormonat plus Liqu.Zugang minus Liqu.Abgang)	12 215,61 €	156 826,54 €	298 963,98 €	443 177,59 €	583 203,44 €	

Quelle: In Anlehnung an https://www.ihk-muenchen.de/ihk/documents/
Gr%C3%BCndung/Businessplan-Vorlage-Finanzteil.xlsx, Zugriff am
18.01.2022

Anhang V: Liquiditätsplanung Monat 1 bis Monat 12

Beträge in €	2022											
	Jan	Feb	Mrz	Apr	Mai	Jun	Jul	Aug	Sep	Okt	Nov	Dez
Übertrag Liquiditäts-Endbestand Vormonat												
Einzahlungen (brutto) aus												
Forderungen aus Lieferung u. Leistung (bezahlte Rechnungen)												
Barverkauf												
erhaltene Kundenanzahlungen												
Eigenkapital-Einlagen												
Kreditaufnahme (einschließlich Kontokorrentkredite)												
sonstige Einnahmen (z.B. Gründungszuschuss)												
Summe Liquiditätseingang												
Realbeispiele: vereinnahmte Umsatzsteuer (Wareneinstandswert)												
Auszahlungen für Investitionen												
Grundstück Gebäude Umbau/Maßnahmen												
Anschaffung Maschinen Geräte												
Erstausstattung PCs, Firmenfahrzeug												
Summe Investitionsausgaben												
Auszahlungen für betriebliche Kosten												
Ware, Material, Roh-, Hilfs-, Betriebsstoffe												
Personalkosten												
Fremdleistungen (Logistik)												
Miete einschl. Nebenkosten												
Leasing Maschinen												
Reparaturen, Wartung												
KFZ-Kosten: Leasing, Steuern, Versicherung												
KFZ-Kosten: Benzin, Instandhaltung, Pflege												
Sonstige Fahrzeugkosten												
Betrieb. Versicherungen / Beiträge												
Telefon/Fax/Internet/Werbung/Porto												
Werbekosten, Internet, Messen, Beratung												
Buchführungs- und Steuerberatungskosten												
Rechtsanwalts- und Beratungskosten												
Sonstige Kosten (z.B. Geschirren, Abgaben)												
Abzahlungen an Lieferanten												
Zinsen für Darlehn und Kontokorrentkredite												
Tilgungskosten Darlehen einschließlich Kontokorrentkredite												
Summe betriebliche Kosten												
Realbeispiele: gezahlte Umsatzsteuer (Vorsteuer)												
Betriebliche Steuern												
Umsatzsteuer (Zahllast oder Erstattung)												
Steuern (Vorhaus- Nachzahlungen für GewSt, KöSt)												
Kapitalentnahmen (z.B. Privatentnahmen bzw. Lebenshaltungskosten)												
Summe Liquiditätsabgang												
Liquiditätskonto (Endbestand Monat) (Vormonat plus Liquiditätseingang minus Liquiditätsabgang)												

Quelle: In Anlehnung an https://www.ihk-muenchen.de/ihk/documents/
Gr%C3%BCndung/Businessplan-Vorlage-Finanzteil.xlsx, Zugriff am
18.01.2022

Anhang VI: Liquiditätsplanung Monat 13 bis Monat 24

Beträge in €	Jan	Feb	Mrz	Apr	Mai	Jun	Jul	Aug	Sep	Okt	Nov	Dez
						2023						
Übertrag Liquidität-Endbestand Vormonat	12.215,61 €	29.475,21 €	1.305,66 €	10.409,54 €	6.635,42 €	18.708,56 €	38.867,71 €	59.074,59 €	77.645,36 €	97.635,84 €	118.009,22 €	138.240,43 €
Einzahlungen (brutto) aus:												
Forderungen aus Lieferung u. Leistung (bezahlte Rechnungen)	28.650,40 €	29.590,40 €	124.476,44 €	124.476,44 €	124.476,44 €	124.476,44 €	124.476,44 €	124.476,44 €	124.476,44 €	124.476,44 €	124.476,44 €	124.476,44 €
Barverkäufe	- €	- €	- €	- €	- €	- €	- €	- €	- €	- €	- €	- €
erwartete Kundenanzahlungen	- €	- €	- €	- €	- €	- €	- €	- €	- €	- €	- €	- €
Eigenkapital-Einlagen	- €	30.000,00 €	- €	- €	- €	- €	- €	- €	- €	- €	- €	- €
Kreditauszahlung (einschließlich Kontokorrentkredite)	- €	- €	- €	- €	- €	- €	- €	- €	- €	- €	- €	- €
sonstige Einnahmen (z.B. Gründungszuschuss)	- €	- €	- €	- €	- €	- €	- €	- €	- €	- €	- €	- €
Summe Liquiditätszugang	28.650,40 €	59.590,40 €	124.476,44 €	124.476,44 €	124.476,44 €	124.476,44 €	124.476,44 €	124.476,44 €	124.476,44 €	124.476,44 €	124.476,44 €	124.476,44 €
Rechnung/div. vereinnahmte Umsatzsteuer (Mehrwertsteuer)	1.670,46 €	1.670,46 €	8.143,32 €	8.143,32 €	8.143,32 €	8.143,32 €	8.143,32 €	8.143,32 €	8.143,32 €	8.143,32 €	8.143,32 €	8.143,32 €
Auszahlungen für Investitionen												
Grundstück/Gebäude/Umbaumaßnahmen	- €	- €	- €	- €	- €	- €	- €	- €	- €	- €	- €	- €
Anschaffung Maschinen/Geräte	- €	- €	- €	- €	- €	- €	- €	- €	- €	- €	- €	- €
Büroausstattung, PCs, Firmenfahrzeug	- €	- €	- €	- €	- €	- €	- €	- €	- €	- €	- €	- €
Summe Investitionsausgaben	- €	- €	- €	- €	- €	- €	- €	- €	- €	- €	- €	- €
Auszahlungen für betriebliche Kosten												
Ware, Material, Roh-/Hilfs-/Betriebsstoffe	- €	71.666,62 €	71.666,62 €	71.666,62 €	71.666,62 €	71.666,62 €	71.666,62 €	71.666,62 €	71.666,62 €	71.666,62 €	71.666,62 €	71.666,62 €
Personalkosten	3.123,74 €	3.123,74 €	3.123,74 €	3.123,74 €	3.123,74 €	3.123,74 €	3.123,74 €	3.123,74 €	3.123,74 €	3.123,74 €	3.123,74 €	3.123,74 €
Fremdleistungen (Logistik)	7.900,00 €	7.900,00 €	200,00 €	7.900,00 €	7.900,00 €	7.900,00 €	7.900,00 €	7.900,00 €	7.900,00 €	7.900,00 €	7.900,00 €	7.900,00 €
Miete einschl. Nebenkosten	200,00 €	200,00 €	200,00 €	200,00 €	200,00 €	200,00 €	200,00 €	200,00 €	200,00 €	200,00 €	200,00 €	200,00 €
Leasing Maschinen	- €	- €	- €	- €	- €	- €	- €	- €	- €	- €	- €	- €
Reparaturen, Wartung	60,00 €	60,00 €	60,00 €	60,00 €	60,00 €	60,00 €	60,00 €	60,00 €	60,00 €	60,00 €	60,00 €	60,00 €
KfZ-Kosten, Leasing, Steuern, Versicherung	500,00 €	500,00 €	500,00 €	500,00 €	500,00 €	500,00 €	500,00 €	500,00 €	500,00 €	500,00 €	500,00 €	500,00 €
KfZ-Kosten, Benzin, Instandhaltung, Pflege	250,00 €	250,00 €	250,00 €	250,00 €	250,00 €	250,00 €	250,00 €	250,00 €	250,00 €	250,00 €	250,00 €	250,00 €
Sonstige Reisekosten	- €	2.000,00 €	- €	2.000,00 €	- €	- €	- €	2.000,00 €	- €	- €	- €	2.000,00 €
Betrieb. Versicherungen / Beiträge	200,00 €	200,00 €	200,00 €	200,00 €	200,00 €	200,00 €	200,00 €	200,00 €	200,00 €	200,00 €	200,00 €	200,00 €
Telefon/Fax/Internet/Handy/Porto	100,00 €	100,00 €	100,00 €	100,00 €	100,00 €	100,00 €	100,00 €	100,00 €	100,00 €	100,00 €	100,00 €	100,00 €
Werbekosten, Internet, Messen, Beratung	300,00 €	300,00 €	24.900,00 €	10.300,00 €	10.300,00 €	10.300,00 €	10.300,00 €	10.300,00 €	10.300,00 €	10.300,00 €	10.300,00 €	10.300,00 €
Buchführungs- und Steuerberatungskosten	500,00 €	1.000,00 €	1.000,00 €	1.000,00 €	1.000,00 €	1.000,00 €	1.000,00 €	1.000,00 €	1.000,00 €	1.000,00 €	1.000,00 €	1.000,00 €
Rechtsanwalts- und Beratungskosten	300,00 €	300,00 €	300,00 €	300,00 €	300,00 €	300,00 €	300,00 €	300,00 €	300,00 €	300,00 €	300,00 €	300,00 €
Sonstige Kosten (z.B. Gebühren, Abgaben)	500,00 €	500,00 €	500,00 €	500,00 €	500,00 €	500,00 €	500,00 €	500,00 €	500,00 €	500,00 €	500,00 €	500,00 €
Anzahlungen an Lieferanten												
Zinsen für Darlehen und Kontokorrentkredite	191,67 €	525,00 €	525,00 €	518,09 €	297,79 €	191,67 €	184,00 €	188,26 €	176,30 €	172,50 €	168,63 €	164,53 €
Tilgungsraten Darlehen (einschließlich Kontokorrentkredite)	- €	- €	- €	21.000,00 €	11.000,00 €	1.000,00 €	1.000,00 €	1.000,00 €	1.000,00 €	1.000,00 €	1.000,00 €	1.000,00 €
Gamma betriebliche Kosten	6.216,41 €	86.634,36 €	111.136,55 €	119.634,58 €	107.407,35 €	97.361,22 €	97.293,56 €	99.285,76 €	97.285,66 €	97.292,06 €	97.276,16 €	99.274,39 €
Rechnung/div. gezahlte Umsatzsteuer (Vorsteuer)	591,98 €	7.546,01 €	11.820,81 €	3.445,01 €	3.965,01 €	3.965,01 €	3.965,01 €	3.446,01 €	3.965,01 €	3.965,01 €	3.965,01 €	3.445,01 €
Betriebliche Steuern												
Umsatzsteuer (Zahllast oder Erstattung)	1.319,42 €	5.674,61 €	3.676,59 €	1.301,69 €	921,69 €	921,69 €	921,69 €	1.301,69 €	921,69 €	921,69 €	921,69 €	1.301,69 €
Steuern (Voraus-, Nachzahlungen für GewSt, KSt)	4.117,69 €	4.114,69 €	4.114,69 €	4.117,69 €	4.117,69 €	4.117,69 €	4.117,69 €	4.117,69 €	4.117,69 €	4.117,69 €	4.117,69 €	4.117,69 €
Kapitalentnahme (z.B. Privatentnahmen resp. Lebenshaltungskosten)	3.600,00 €	3.600,00 €	3.600,00 €	3.600,00 €	3.600,00 €	3.600,00 €	3.600,00 €	3.600,00 €	3.600,00 €	3.600,00 €	3.600,00 €	3.600,00 €
Summe Liquiditätsabgang	11.334,81 €	66.788,95 €	115.372,34 €	126.298,56 €	114.403,35 €	104.297,23 €	104.285,34 €	105.965,76 €	104.281,96 €	104.278,06 €	104.274,16 €	105.693,59 €
Liquiditätssaldo (Endbestand Monat) (Vormonat plus Liqu-Zugang minus Liqu-Abgang)	29.475,21 €	1.305,66 €	10.409,54 €	6.635,42 €	18.708,56 €	38.867,71 €	59.074,59 €	77.645,36 €	97.635,84 €	118.058,22 €	138.240,43 €	156.825,34 €

Quelle: In Anlehnung an https://www.ihk-muenchen.de/ihk/documents/
Gr%C3%BCndung/Businessplan-Vorlage-Finanzteil.xlsx, Zugriff am
18.01.2022

Literaturverzeichnis

Vogelsang, Eva, Fink, Christian, Baumann, Matthias (Existenzgründung, 2013): Existenzgründung und Businessplan, 2. Aufl., Berlin: Erich Schmidt Verlag, 2013

Internetquellen

https://buah.de/blogs/blog/wie-gesund-sind-trockenfruchte, Zugriff am 16.01.2022

https://de.statista.com/statistik/daten/studie/29929/umfrage/produktion-von-knabberartikeln-in-deutschland-nach-produktgruppen/, Zugriff am 22.12.2021

https://de.statista.com/statistik/daten/studie/1170065/umfrage/kriterien-bewussteren-konsums-von-suesswarensnacksdeutschland/, Zugriff am 22.12.2021

https://de.statista.com/statistik/daten/studie/1259939/umfrage/suesswaren-und-snacks-ausprobieren-von-produkten-indeutschland/, Zugriff am 22.12.2021

https://de.statista.com/statistik/daten/studie/432385/umfrage/pro-kopf-konsum-von-knabberartikeln-in-deutschland/, Zugriff am 22.12.2021

https://de.statista.com/statistik/daten/studie/434083/umfrage/umsatz-der-intersnack-group-weltweit/, Zugriff am 22.12.2021

https://de.wikipedia.org/wiki/Gefriertrocknung, Zugriff am 17.01.2022

https://frechefreunde.de/ueber-uns/, Zugriff am 16.01.2022

https://packiro.com/lpa/organicfood?utm_term=verpackungsmaterial%20f%C3%BCr%20lebensmittel&utm_campaign=02+DACH+Lebensmittel&utm_source=adwords&utm_medium=ppc&hsa_acc=8505658294&hsa_cam=12348954157&hsa_grp=120551610209&hsa_ad=498726216643&hsa_src=g&hsa_tgt=kwd15456072801&hsa_kw=verpackungsmaterial%20f%C3%BCr%20lebensmittel&hsa_mt=p&hsa_net=adwords&hsa_ver=3&gclid=EAIaIQobChMIv5S5fHd9AIVyRoGAB2Wgn1EAAYASAAEgKcM_D_BwE, Zugriff am 16.01.2022

https://spree-hub.com/faq-antworten-auf-deine-fragen/, Zugriff am 17.01.2022 https://trockengemuese-online.de/de/trockengemuese-online-shop, Zugriff am 16.01.2022

https://www.berliner-zeitung.de/wirtschaft-verantwortung/brandenburg-industrie-lockt-mit-geringer-gewerbesteuer-unternehmen-aufs-land-li.2260?pid=true, Zugriff am 17.01.2022

https://www.dspro.de/leistungen/#/einkauf-import/, Zugriff am 16.01.2022

https://www.europages.de/unternehmen/Gefriergetrocknetes%20Gem%C3%BCse/China/Hersteller%20Fabrikant/Gefriergetrocknetes%20Gem%C3%BCse.html/, Zugriff am 17.01.2022

https://www.fitforfun.de/abnehmen/gesund-essen/kartoffelchips-die-moerderische-kalorienbombe-242166.html, Zugriff am 16.01.2022

https://www.food-monitor.de/2019/01/das-sind-die-beliebtesten-knabberartikel-der-deutschen/, Zugriff am 16.01.2022

https://www.ihk-muenchen.de/businessplan/, Zugriff am 07.12.2021

https://www.ihk-muenchen.de/ihk/documents/Gr%C3%BCndung/Businessplan-Vorlage-Finanzteil.xlsx, Zugriff am 07.12.2021

https://www.ihk-muenchen.de/ihk/documents/Gr%C3%BCndung/Businessplan-Vorlage-Textteil.docx

https://www.nutripur.eu/ueber-nutripur/, Zugriff am 16.01.2022

https://www.rewe-group.com/de/unternehmen/struktur-und-vertriebslinien/, Zugriff am 16.01.2022